JN412014

아이들과 40년, 이태숙 선생님의

그림책으로 마음챙김

아이들과 40년, 이태숙 선생님의

그림책으로 마음챙김

이태숙 지음

학교도서관저널

머리말

겨울이 다가온다. 겨울, 이번 겨울은 추운 날씨도, 매운 현실도 무섭지 않다. 웅크려 굳어진 어깨도 두렵지 않다. 내 삶의 변곡점을 마주하고 있기 때문이다. 이 겨울을 통과하면 '새 학기'라는 말은 나의 말이 아니다. 겨울 방학이면 늘 새로 만날 아이들을 그려보며 설레던 시간은 이제 나의 것이 아니다. 이번 겨울은 어깨의 짐을 내려놓고 새로운 문을 바라보며 문 너머의 세계를 꿈꿀 것이다.

평교사로 39년이 넘었으며, 교직 마지막 해를 거의 다 보냈다. 새로운 문 앞에서 설레기도 하지만, 돌이켜보니 까마득한 시간이다. 마지막 해도 담임으로 보내 시간의 흐름은 행사 하나 끝날 때마다 뭉텅뭉텅 참 쉽게 흐른다. 교사의 생활이란 게 출근하여 아이들 하교할 때까지는 늘 일사천리로 지난다. 그 하루들이 쌓여 오늘에 이른 것이다. 어설프기 짝이 없던 시절을 보내고, 이제 저기 나갈 문이 보이니 이 하루가 그렇게 소중할 수 없다.

지난해 가을, 서울교대에서 재학생과 선생님들을 대상으로 '수업 나눔'을 할 때였다. 강의 도중 정년이 얼마 남지 않았다고 하니 "와우" 하는 함성이 나왔다. 아마 그 나이의 나라도 정년이 얼마 남지 않은 선배를 만나면 그랬을 것이다. 40년 가까운 세월이라니! 나도 평교사로 정년에 이를 줄 몰랐다. 전 근무지로 발령받고 어머님께 그 학교에서 명예퇴직하겠다고 말씀드렸었다. 그런데 지금까지 아이들과 함께하고 있다.

제일 먼저 '감사'가 떠오른다. 그 많은 날, 건강하게 아이들과 함께할 수 있어 감사하다. 건강이 안 좋았다거나 가르치는 일이 버거웠다면 한참 전에 미련 없이 떠났을지 모른다. 정형외과적 하자야 그동안 아낌없이 썼으니 닳았겠지, 부스러지고 있겠지 싶다. 뼈마디가 삐거덕거리지만 그만 한 것도 감사한 일이다. 그 세월 동안 많은 아이들을 만났고 학부모님들과 인연을 맺어왔는데 대부분 아름다운 인연으로 지낸 것 또한 감사하다. 어찌 마음 상한 아이와 학부모님이 없었겠는가, 그럼에도 기다려주며 협조해주셨으니 '오늘'이 있는 것이다.

교직 생활 동안 그림책에 빚을 많이 졌다. 교육과정 운영에 활용했을 뿐만 아니라, 생활지도에도 나의 처방전은 늘 그림책이었다. 아들 키우며 구매한 그림책을 초등학교 입학과 함께 버릴 정도로 무식한 사람이었는데, 그림책의 매력에 빠지면서 교육 활동에 전방위로 활용하는 사람이 되었다. 매일 아이들에게 그림책을 읽어주기 시작한 지 15년이 되어간다. 약을 달고 살아야 할 만큼 성대가 힘들지만 읽어주기를 멈춘 적이 없다. 그림책과 함께했기에 정년까지 올 수 있었던 건 아니었을까. 그림책과의 인연에 감사할 뿐이다.

아이들과 그림책을 읽으며 다양하게 활동해 나가니 주변에서 어른들과도 함께 해달라는 요청이 있었다. 먼저 선생님들과 모임을 만들었다. 동학년 모임을 시작으로 학교 밖의 선생님들 모임을 동시에 이어갔으나, 올해는 사정상 휴면 중이다. 근무지를 옮기고 난 뒤, 한 지인이 어른들 모임을 이끌어줄 수 없느냐고 해서 방학에는 이 모임을 진행하고 있다. 함께 하자고 하는 분들이 있으면 몇 분이 안 모여도 모임을 이어왔다. 그 과정에서 난 또 성장했다.

그림책이 어떤 것이기에 이렇게 계속 사람을 모이게 하는 힘이 있는 것일까? 그림책은 긴 서사의 글이 아니다. 삶의 한 조각을 보여주는 문학작품이며, 그림의 말을 읽어야 하는 예술 작품이다. 이런 작품의 특징은 생각을 한 곳으로 강요하지 않는다. 읽고 자유롭게 해석하며 자아와 자신의 삶을 견주어 생각하게 한다. 읽는 데 많은 시간을 요하지도 않아 부담스럽지 않게 잡을 수 있다. 그런데 신기하게도 읽다 보면 나의 폐부를 찌르는 어떤 것을 만나게 된다. 내 삶을 돌아보게 하는 한 구절, 한 장면을 마주하게 된다. 혼자 읽을 때보다 함께 읽을 때 더 다양한 삶의 단면을 바라볼 수 있다. 그러다 보니 어른들이 그림책 한 권 펼쳐놓고 큰 소리로 웃을 때도 있고 숨죽여 울 때도 있다.

2024년 초에 감정이 휘몰아쳐 허우적거렸다. 시도 때도 없이 감정은 폭풍우를 동반했으며, 어느 것에도 집중할 수 없고, 잠을 잘 수 없고, 어떤 만남도 반갑지 않았다. '고작 내가 이따위였어!'라는 모멸감이 수시로 올라오고 자존감은 바닥을 쳤다. 이 감정 상태가 여러 날 이어지자 나를 그대로 방치할 수 없었다. '이 감정은 무엇인가?' 생각하며 '감정'을 말하는 책을 읽어나갔다. 나에게 일어나는 바닥 감정이 무엇인지, 왜 그 감정이 떠나지 않고 나를 괴롭히는지 알아야 다스릴 수 있을 것 같았다. 감정은 한순간 스치듯 일어났다가 60초에서 90초가 지나면 사라진다고 한다. 그런데 난 왜 감정에 휘둘리고 있을까.

감정은 자연스러운 것으로, 사라지지 않고 내 안에 있으며 올라왔다 가라앉을 뿐이란 걸 알았다. 또한 그 감정은 모두 뇌에서 일어나는 일이라는 걸 알게 되며 뇌과학으로 공부를 넓혔다. 하지만 뇌의 어느 부분에서 관장하는지 아는 것으로는 감정이 조절되지 않았다. 감정을 잔잔하게 잠재우기 위해 자연스럽게 '명상'으로 넘어갔다. 명상은 머리로 이해하는 게 아니라, 몸으로 체득하는 공부였다. 아침마다 명상하며 결국 뇌가 하는 '생각'에 다다랐다. 되풀이하는 생각에 감정을 동반하니 종잡을 수 없이 휘둘렸다. 나를 조절하는 방법은 결국 '생각'을 인정하고 놓아버리며, 긍정적 생각으로 재구조화하는 것이었다. 아둔한 이 사람은 한 번에 알아듣지 못하고 빙 둘러 도착한 것이다.

난 능숙하게 생각을 바꿔 완벽하게 생활하는 사람이 아니다. 감정은 하루에도 수없이 이리저리 날뛴다. 나이도 적잖은 내가 이러고 있는 게 어떤 때는 짠한 마음이 들지만 그럼에도 나에게 나아지는 중이라고 위로하며 생각을 다스리고, 마음을 다스리려 노력한다. 이 공부는 '완성'이라는 도달점이 없다. 매일의 일상에서 좀 더 수용하고 좀 더 품이 넓어지기를 바랄 뿐이다.

마지막 해를 시작하기 전에는 여유롭게 마무리할 줄 알았다. 하지만 '이 아이들이 마지막 제자야'라고 생각하면 편한 길을 선택할 수 없었다. 그동안 내가 해오던 일들을 하나도 빼지 않고 실천하고 싶었다. 매일 그림책 읽어주기와 일주일에 한 권 윤독 도서 읽기를 3월에 시작하여 이어오고, 나만의 그림책 만들기 프로젝트 수업은 4월부터 진행하여 12월에 출판 기념회로 마무리하게 되었다. 올해 처음 시도한 활동도 있는데, 아이들 전체가 참여해 그림책 한 권을 만들고 인쇄해 나눠주는 일을 두 번 진행했다. 이 모든 일을 놓치지 않고 마지막까지 최선을 다했다.

그런데 새로운 문제에 부딪혔다. 예민한 아이, 소극적인 아이, 말에 상처를 잘 입는 아이 등이 번갈아 가며 갈등을 일으켰다. 갈등을 조절하여 서로 이해하고 화해하도록 지도했으면 되었다 싶었으나, 아이들이 '내면에 있는 어린 나'의 모습과 같아 차마 못 본 척할 수 없었다. 그 아이들은 공통적으로 마음 근육이 단단하지 않고, 회복탄력성이 약했다. 이미 1학기 중반이 넘어간 6월이지만 '마음 근력 기르기(김주환의 『내면 소통』을 보고 이름 붙임)' 수업을 시작했다. 내가 그림책으로 길을 찾고 방향을 찾았듯 아이들도 그랬으면 좋겠다는 바람이었다. 상처받은 마음을 스스로 토닥일 수 있다면, 부풀어오른 감정을 다독여 작게 만들 수 있다면 아이들이 자라는 과정에 많은 힘이 될 거라 생각한다. 아이들과 함께 명상하며 그림책으로 하는 '마음 근력 기르기' 수업도 교단의 마지막 주까지 계속했다.

처음 글을 시작할 때 어떤 식으로 글이 마무리될지 앞을 내다볼 수 없었다. 어떻게 사유해야 하는지 방향도 잡지 못했다. 써야 한다는 생각은 있지만, 글의 맥을 잡을 수 없었다. 모든 걸 시간에 맡긴 채 마음이 움직일 때마다 한 문단씩 썼다. 그러자 글은 스스로 방향을 찾았다.

어떻게 구성하나 고민하다 4계절로 잡았다. 우리의 삶도 '봄-여름-가을-겨울' 사계절이다. 제일 힘겨운 고통의 계절을 '겨울'로 보고, 겨울을 제일 앞에 놓았다. 김선남의 『나의 겨울은』을 보니 나무는 여름부터 겨울눈을 만든다고 했다. 누군가의 계절은 시작부터 이렇게 서로 다르다. 겨울은 '혼자 견뎌야 하는 시간', 봄은 '기다림과 용기', 여름은 '성장', 가을은 '용서(받아들임)'를 계절의 주제로 잡고, 한 계절에 5권의 그림책을 읽었다. 그동안 그림책을 읽어주며 내 마음에 오래 머물렀던 작품들이다. 어느 한 시기, 그 책으로 여러 날을 버텼다. 상처 입은 내가 그림책을 읽으며 위로를 받고 힘을 얻었듯, 여러분도 그림책을 읽으며 스스로 위로하고 힘을 얻으면 좋겠다.

그림책이 있었기에 난 '평교사'란 길을 아주 행복하게 걸었다. 미흡하고 부끄러운 기억이 없는 것은 아니지만, 즐겁고 보람 있는 순간이 훨씬 많았다. 이 책의 어느 갈피에선가 힘을 얻는 누군가 있다면 허리 통증과 손가락 통증을 달래며 쓴 보람이 있겠다.

차례

겨울

봄

여름

가을

겨울

들어가기

2024년 1월에 유독 많은 눈이 내렸다. 눈이 내리면 한강 공원으로 나갔다. 우산을 가지고 갈 때도 있었지만 대부분 모자 쓰고 나가서 눈을 맞았다. 하늘이 내게 내려주는 언어 같아 온몸으로 받으며 말없이 걸었다.

표정은 고요하고 그 무엇도 말하지 않았으나 마음은 휘몰아치고 있었다. '난 고작 이 정도의 사람인가?' '이렇게 뾰족하게 산다면 주변에 남아 있을 사람이 있을까?' '상대방의 입장은 진실인데 왜 난 인정하고 싶지 않았을까?' '다시 얼굴을 볼 수는 있을까?' 등 별의별 생각이 다 떠올랐다. 생각을 되짚으면 되짚을수록 나 자신이 부끄럽고 초라해 우울한 감정은 깊어졌다.

나는 평소 말에 상처를 잘 입는다. 상처를 받으면 며칠 고생한다. 탈탈 털어내기까지 시간이 걸리고 몸이 힘들다. 그래서 평소 말을 조심하는 편이다. 어쩌다 내가 한 말에 상대방이 상처를 입을 수도 있다고 생각하면 노심초사다. 그런 때는 내가 먼저 사과해야 마음의 짐을 덜어낼 수 있다. 그런 내가 친구 때문에 마음 상하는 일이 몇 번 반복되자, 별일 아닌 일에도 상대방의 입장을 고려해 말하라고 한마디했다. 느닷없는 내 말에 친구는 상처를 입었다. 그 자리에서 미안하다 사과하고 서로 안아준 후 헤어졌고, 일주일 후에 열린 단톡방에서 "모두 내 탓이여!"라고 다시 한번 사과했다.

문제는 '나'다. 소심하고 내향성을 지닌 나는 내가 뱉은 말들의 수렁에 빠져 허우적거렸다. 수없이 지난 일을 반추하며 나를 괴롭혔다. 사회적 자아는 사과로 사태를 수습했으나, 내면의 나는 상처를 부둥켜안고 어쩔 줄 모르고 있었다. 잠은 달아나고 어떤 일에도 집중할 수 없으며 기쁨은 모두 사라졌다.

가족보다 편한 사람이 친구다. 40여 년 영혼을 나눈 친구라 믿고 살아왔다. 굳건하게 믿었던 내 마음이 갈라지더니 결국 터진 것이다. 관계를 회복해야 하는가, 이것으로 마침표를 찍어야 하는가. 하루에도 수십 번씩 생각을 번복했다. 이는 엄청난 에너지 소모전이었다. 남들은 뭘 그렇게 고민하느냐고 간단하게 말할 수 있으나 난 전전긍긍 헤어나올 줄 몰랐다. 그래서 겨울은 길고 우울했다.

인생의 겨울은 누구에게나 있다. 나만 거치는 거라면 억울하고 힘겹겠지만, 힘겨운 고비를 우리 모두 살아오는 동안 한두 번도 아니고 여러 차례 어떻게든 넘으며 왔다.

겨울을 '겨울'이라 여기고 받아들이자. 그것도 '혹독한' 겨울이라고 스스로 인정하자. 그 혹독함은 나를 나이테가 선명하고 단단한 존재로 만들 것이다. 내가 겨울을 인정하고 받아들이면 헤쳐 나갈 힘은 저절로 생긴다. 시간이 지나며 창피하지만 내 마음 안에 있는 욕심과 집착, 외로움, 불안을 바라볼 수 있었다. 이것들과 날것으로 직면하며 쓰리고 아렸지만, 다른 방법은 없었다. 겨울을 통과하는 이 과정은 나 혼자 걸어야 하는 고독한 길이었다. '받아들임'과 '내려놓음'을 공부하며 나를 이해하고 사랑하는 것을 조금씩 할 수 있게 되었다.

이제 괜찮다. 나와 가깝다는, 나와 비슷하다는 생각을 내려놓았다. 그는 그고, 나는 나였다. 그럼에도 그는 여전히 나의 친구임에 변함이 없다. 오랜 세월 함께한 친구 사이라도 서로의 다름을 인정하며 적당한 거리를 유지해야 관계가 더 견고해진다는 사실을 깨달았다. 뼈가 시큰거리는 나이에 혹독한 겨울을 통과하며 얻은 배움이다.

나는 이 아가만큼 견뎠을까?

"아침 출근하다 문득 네 생각이 난다. 그때 버스터미널에 토마토 상자와 널 남겨두고 집에 간 거, 정말 미안해. 어린 나로서는 얼른 집으로 가서 엄마를 그곳으로 보내는 게 최선이라고 생각했는데, 남겨진 너는 얼마나 무서웠을까 생각하니 자꾸 가슴이 먹먹해진다. 숫기가 없어서 남에게 부탁하지 못한 내가 참 어리석었구나. 오늘 갑자기 왜 그 생각이 났는지 모르겠으나 생각할수록 미안하구나."

"걱정 마. 나 잘 살고 있어, 누나."

"고마워. 오늘 버스를 타고 오는데 자꾸 눈물이 나더라. 내가 집에 와서 터미널에 널 두고 왔다고 했을 때, 엄마가 그대로 뛰쳐나갔던 기억이 나. 혹여나 너 잃어버릴까 봐 놀라셨던 거지. 내 동생으로 잘 살아줘서 고마워."

"내 기억의 오류인지는 모르겠지만 눈부시게 밝고 따뜻한 느낌이야."

몇 년 전, 동생과 주고받은 문자의 내용이다. 동생은 나와 5살 차이다. 정확한 기억인지 모르나 내가 4학년이거나 5학년 때의 일일 것이다. 여름방학에 제일 큰언니 집인 해미에 놀러 갔었다. 며칠 놀고 집으로 가려는데 형부가 토마토 상자를 가져가라고 들려주었다. 한 번에 집에 가는 버스는 없었다. 서산 버스터미널에서 갈아타야 했다. 형부는 상자를 들어 옮길 힘이 없던 나에게 어른들에게 도와달라고 부탁해야 한다고 당부했다. 들어주는 사람을 만날 때까지 부탁해야 한다고 몇 번이나 말했다.

막상 서산 버스터미널에 도착하니 누구에게 부탁해야 하나 막막했다. 수줍음 많이 타는 나는 한두 어른에게 작은 목소리로 부탁했지만, 다들 본 척도 안 하고 지나쳤다. 그 후 말이 입 밖으로 나오지 않았다. 그러는 사이 집으로 가는 버스는 몇 대나 떠났다. 이 일을 어떻게 하나 고민하다가, 내가 먼저 집으로 가 어른을 동생한테 보내는 방법밖에 없다는 생각이 들었다.

동생에게 내 생각을 말하고 절대 움직이면 안 된다고 신신당부하고 집으로 가는 버스를 탔다. 나머지 이야기는 위의 내용이다. 깜짝 놀라 허둥지둥 나가던 엄마의 모습이 기억난다. 얼마 후 동생과 엄마가 돌아왔고, 난 그것으로 이 일을 기억의 저편으로 보냈다. 그 토마토를 맛나게 먹었는지, 엄마가 이 일을 어떻게 생각하셨는지 난 모른다. 그 모든 일이 기억의 저편으로 사라졌다가 코로나19가

기세를 떨치기 시작하고 '사회적 거리'에 새로이 적응해야 하는 어느 날 불현듯 출근하며 이 일이 떠올랐다.

남겨진 동생은 어떤 생각을 하며 기다렸을까? 무섭지 않았을까? 지루하고 긴 시간은 아니었을까? 이 일이 동생에게 어두운 그늘로 남아 있지는 않을까 걱정되었다. 커다란 토마토 상자 옆에서 하염없이 엄마를 기다렸을 어린 동생을 생각하니 세월이 한참 지났는데도 마음이 아렸다.

코로나19로 세상은 멈추었고 학교는 온라인 체제로 바뀌었다. 마치 준비된 듯 열린 온라인 세상은 날이 갈수록 정교하게 흘렀다. PPT로 동영상 강의를 만들고 유튜브 링크를 걸어 온라인 수업을 진행하는 일련의 과정이 점점 익숙해졌다. 그런 나를 보며 문득 '적응하는 인간'이 떠올랐다.

확진자의 동선이 발표되고, 폐쇄되는 사업장이 공개되는 뉴스는 코로나 전시 상황과 같았다. 학교에 가도 아이들이 없는 교실에 앉아 온라인 수업 참가 상황을 지켜보고, 수업 시간마다 올라오는 과제를 실시간 피드백하느라 눈은 컴퓨터를 벗어날 새가 없었다. 난 재택근무를 권하는 시기에도 학교에 매일 출근하여 온라인 수업을 진행했다. '사회적 거리 두기'를 일상어로 받아들이고 마스크가 얼굴이 되는 걸 보며 '잘 살고 있는가?' 스스로 물었다. 그 질문의 파편은 어린 날의 기억을 불러왔고, 이번에는 내 입장이 아니라 동생의 입장에서 기억을 되새겨 보게 되었다.

이제 나도 환갑이 넘었으니 50여 년 전의 이야기다. 당시는 도로 포장이 안 되어 길이 울퉁불퉁했고, 시외버스만 다니던 시절이었다. 게다가 버스는 면사무소 소재지에만 정차했고, 그마저도 운행 횟수가 많지 않았다. 내가 집으로 와서 소식을 전하고 엄마가 달려 나갔어도 버스가 지나야 탈 수 있었다. 그 시간이 얼마나 될까? 얼마의 시간이 흐른 뒤에 엄마와 동생이 만났는지 난 모른다. 그리고 그 당시 나는 한순간도 잘못될 경우를 상상하지 않았다. 당연히 엄마는 동생을 만나 무사히 집에 올 거라 믿었다. 어린 동생 혼자 견뎌야 하는 그 시간을 읽을 만큼 난 성숙하지 않았다. 아무래도 동생이 나보다 훨씬 야무진 아이였나 보다.

이태준 글, 김동성 그림의 『엄마 마중』은 처음부터 내 마음에 꽉 차게 다가온 작품이 아니다. 읽으며 '저 아이를 어찌하면 좋을까?' 걱정한 책이다. 찬바람 이는 겨울 한복판에서 엄마를 간절하게 기다리며 애를 태운 기억도 나에겐 떠오르지 않았다.

그러다 버스터미널에 혼자 남아 있었던 동생을 생각하자, 작품 속 아가는 그대로 동생이 되었다. 점점 흐르는 시간도, 다가왔다 떠나가는 전차도 간절한 마음으로 기다리던 아가의 입장으로는 얼마나 야속했을까? 발은 시려오고, 얼굴은 빨갛게 얼어가고, 온몸으로 파고드는 바람은 또 얼마나 미웠을까?

어느 순간, 나는 아이가 밖에서 돌아오지 않는데 왜 다른 가족은 아이를 찾지 않는 거냐며 괜히 화를 냈다. 그러다 '가족이 엄마밖에 없는 건 아닐까?' 생각하자 저 바람 찬 겨울의 외로움이 너무나 크게 다가왔다. 그렇다면 외로움은 아가의 몫이다. 인정하기 싫지만, 이제 겨울의 매서운 바람 앞에 외로운 아가는 동생이었고, 나였고, 우리 모두였다. 깨닫는 순간 눈물이 주르르 흘렀다.

책을 덮고 자리에서 일어나 서성였다. 울음은 흐느낌이 되었다. 코가 빨개지는 것도, 손발이 시린 것도, 온몸으로 파고드는 바람도, 하염없이 내리는 눈도, 점점 어두워지는 시간도 혼자 견뎌야 한다. 그것이 겨울을 건너는 법이다. 작가가 너무하다는 생각이 들었다. 어쩌자고 저 어린 아가를 내세워 우리의 겨울을 말하는가.

며칠 동안 파일을 열 수 없었다. 나의 겨울을 돌아보기 어려웠던 걸까? 나의 부모님은 일찍 세상을 떠나셨다. 아버지는 고등학교 2학년 때, 엄마는 대학교 3학년 때 돌아가셨다. 내 고등학교 시절은 별로 기억하고 싶지 않다. 3년 내내 자취 생활을 하면서 매일 도시락을 싸야 했고, 어떤 때는 김치도 직접 담가야 했다. 그래도 늘 엄마에게 감사했다. 형편도 넉넉하지 않은데 타지의 인문계 고등학교를 보내주었고, "여자 가르쳐 봐야 뭐해?"라는 친척들의 말을 들으면서도 대학에 보내주었다.

아버지는 지병이 있어 오래 사시지 못할 걸 알고 있었지만 엄마의 죽음은 누구도 예상하지 못했다. 나와 김장하기로 약속한 일주일 전, 주무시다 고혈압으로 운명하셨다. 엄마의 동네 친구 말로는 엄마가 '혈압약이 떨어졌는데 병원에 못 갔다'라고 하셨단다. 엄마의 죽음은 내 겨울의 시작이었다. 기댈 언덕이 사라졌고, 볕을 쬐던 양지바른 아늑한 공간이 사라졌다. 돌아갈 집이 없어졌고, 고향이 없어졌다.

시아버님은 일주일 정도 중환자실에 계시다가 돌아가셨다. 감기인 줄 알았는데 사인은 쯔쯔가무시 감염으로 인한 패혈증이었다. 시어머님은 꿈을 꾸었다며 시아버님 보낼 마음의 준비를 하라고 당부하셨다. 그래도 갑작스러운 죽음은 당혹스럽고 무서웠다. 세월이 지나고 보니 시아버님은 복이 많은 임종을 맞이하신 거라는 생각이 들었다. 본인도, 가족도 고생하지 않고, 서로 아쉬워하는 마음으로 이별한 거다.

사람들은 제일 괜찮은 죽음으로 '자다 가는 것'을 꼽는다. 엄마는 분명 주무시다 돌아가셨지만, 난 한순간도 편안하게 가셨다는 생각을 한 적이 없다. 그렇게 가는 건 아니라고 지금도 엄마에게 대들고 싶다. 그동안 내게 다가온 외로움의 순간마다 얼마나 '엄마가 계셨으면' 바랐는지 모른다. 이기적인 난 엄마에게 어린아이로 남고 싶었는가 보다.

난 그동안 어떻게 살아온 걸까? 손가락질받지 않게 살아야 한다는 강박이 어려서부터 내 안에 있었다. 생각도, 행동도 바르게 해야 하고, 다른 사람들의 입에 오르내리는 일을 만들지 말아야 했다. 어려서부터 많이 들은 말은 '애늙은이'였다. 그렇게 살아온 난 지금도 나에게 무위의 시간을 주지 못한다. 건설적이라고 생각하는 무언가를 쉼 없이 해야 한다. 직업에 충실해야 하고, 집안일에 너그럽게 대처해야 하고, 자투리 시간이라도 나면 책이라도 붙잡고 있어야 한다. 이런 나를 지탱하게 하는 힘은 다른 사람의 '인정'이었다. 토닥토닥. 내가 그동안 이렇게 살았구나. 살아내느라 버둥거리며 참 애썼구나. 결국, 『엄마 마중』의 아가였구나.

처음부터 차근차근 책을 다시 펼쳤다. 아가만 봤다. 발걸음, 행동, 표정 등 하나하나 세심하게 보니 참 당당하다. 정류장에 올라가는 모습도, 차장에게 물어보는 모습도, 혼자 기다리는 모습도 흔들림이 없다. 세상 모든 사람이 '우리 엄마'를 알고 있을 것이라는 생각이 아기 같다가도, 가만히 있어야 한다는 차장 아저씨의 말에 부동자세로 선 모습이 의젓하다. 그림 작가는 허술한 인물을 주인공으로 내세우지 않았다. 차가운 바람과 눈에도 당당하게 맞서는 아가를 주인공으로 그렸다. 그동안 난 왜 이 아가를 자세히 보지 않았던가? 이미 아가는 혼자의 힘으로 '겨울'을 지날 수 있었다.

나도 그렇다. '애늙은이'로 장착된 무기는 이미 벗어놓을 수 없는 삶의 무기였고, 방패였다. 난 뛰어난 재능이 있는 것도 아니고, 이렇다 할 빛나는 성취도 없다. 주어진 일에 최선을 다하며 앞만 보고 달려 여기까지 왔다.

그림 작가는 아가의 마음을 색으로 표현했다. '이번에는 우리 엄마가 올 거야'라는 기대감을 웅장한 색상으로 표현했다. 하지만 가만히 있으라는 차장의 말을 듣고는 상상으로 부풀어지던 마음을 차분하게 가라앉히고 정거장 건너를 꼼꼼하게 본다. 시간이 지나는 것도, 전차가 오는 것도 곧 잊는다.

아가의 마음은 어디로 갔을까? 엄마를 기다리던 조바심은 어떻게 됐을까? 버스가 지날 때마다 일어나는 불안은? 세 번에 걸쳐 아가를 줌인한 그림 작가는 시선 한번 흔들리지 않는 당당한 모습으로 그렸다. 바람도, 전차도, 하늘에서 내리는 눈도 아가는 마음에 담지 않는다. 아가는 엄마를 기다리는 일에 감정을 내려놓았다.

어떻게 그럴 수가 있단 말인가! 불안이 그렇게 떨쳐내기 쉬운 감정이란 말인가. 아니다. 아가는 불안을 붙잡고 있는 것이 아니라 믿음을 붙잡고 있었다. 반드시 엄마는 올 거라는 믿음, 엄마는 지금 서둘러 오고 있을 거라는 믿음이었다. 아, 이제야 동생의 마음도 알겠다. 토마토 상자 옆에 있으면서 동생도 분명 '반드시 엄마가 올 것'이라는 철석같은 믿음이 있었던 거다. 그래서 환하고 따뜻한 느낌을 간직하고 있는 거였다.

서사 없이 펼쳐지는 그림책의 마지막 부분을 세심하게 봐야 한다. 대충 보고 넘기던 난 가슴이 철렁했다. 엄마와 아가가 만나지 못하고 끝난다고 당황했다. 하지만 아니다, 눈 내리는 골목길을 자세히 보시길. 그림 작가는 우리의 불안을 다독다독 잠재웠다. 아가의 믿음은 현실이 되었다.

엄마는 분명 불안한 눈으로 나를 바라보고 계시지 않을 것이다. 내가 어떻게든 어려움을 당당하게 헤쳐 나갈 거라는 믿음의 눈으로 바라보고 계실 것이다. 엄마는 이미 내 안에 그 힘을 넣어주셨다. 그랬다. 눈물 나고, 기운이 다 빠지고, 하얗게 밤을 지새웠어도 나는 나를 바로 세울 수 있었다. 우리의 부모님은 이미 우리에게 필요한 단단한 기질을 채워놓으셨다. 힘겨운 겨울을 만나면 그 힘을 꺼내 쓰면 된다. 내게 힘이 있다는 믿음, 그 믿음으로 나를 세우자.

겨울을 지나는 우리에게 필요한 것은 믿음이었다. 겨울을 무사히 통과할 것이라는 믿음, 나는 다시 회복할 거라는 믿음. 그리고 나에게 충분한 힘이 있다는 것을 자신에게 말해야 한다. 우리의 겨

『엄마 마중』

(이태준 글, 김동성 그림, 보림)

아가는 '불안'을 붙잡고 있는 것이 아니라 '믿음'을 붙잡고 있었다. 반드시 엄마는 올 거라는 믿음, 엄마는 지금 서둘러 오고 있을 거라는 믿음이었다.

울은 예정되어 있었다. 언제인지 정확하게 알지 못했을 뿐이다. 그래서 힘들고 마치 늪에 빠진 것처럼 헤쳐나올 수 없을 것 같겠지만, 아가처럼 감정을 내려놓고 당당하게 이겨낼 것이라는 믿음으로 무장하자. 잠시 나를 한 발 떨어져 바라보자. 내게 겨울은 하나의 터널일 뿐이다. 느린 걸음으로 통과해도 괜찮다. 아예 터널 안에서 쉬었다 가도 괜찮다. 그래도 분명히 이 터널을 빠져나가 화사한 햇살을 마주하게 될 테니까.

감정을 담아 말하는
나는 누구인가?

"어떻게 선생님이 공개적으로 아이 별명을 부를 수 있습니까?"

밤 9시 즈음 전화기가 울려 받아보니, 취한 목소리의 세이 아버님이다. 아이가 동네에서 '세균'으로 불리는 게 너무 속상해 아이에게 물어보니 선생님도 그랬다는 말을 듣고 항의하신 것이다. 동네에서 그런 별명으로 통한다니 그 속상한 마음이 헤아려진다. 일단 다음 날 아침, 아이들이 등교하기 전에 상담하기로 약속했다. 오후에는 출장이 있어 시간을 낼 수 없는 상황이었다.

밤새 한숨도 잘 수 없었다. 평소 장난을 잘 치는 내가 아이들이 부르는 별명을 안 불렀을 리 없다. '희석'이는 '희순'으로 부르며 장난치고, 나 역시 '이태순'이 아니라며 내 이름 가지고 장난칠 때도 있으니 별명 부른 일이 없었다고 단언할 수는 없다. 당시 반에는 스스로 '이가탄'이라고 하며 앞에 나와 발표하는 아이도 있었다. 별명에 대한 학부모님의 화를 받아들일 수밖에 없었다.

그럼에도 생각이 꼬리를 물고 늘어져 시간이 지날수록 의식은 또렷해졌다. 그 아이와 있었던 일, 그동안 내가 했던 말과 말투, 표정 등을 밤새 복기하며 불안과 두려움에 휩싸였다. 다른 선생님들이 출근하지 않은 이른 시간에 학부모를 대면할 일도 걱정되었다.

'있는 그대로 인정할 것은 인정하고, 도움을 요청할 것은 요청하자'라고 마음먹고 아침 일찍 출근했다. 세이는 거짓말로 상황을 모면하려고 하고, 한 아이와 계속 안 좋은 상태를 유지했다. 두 아이는 거의 매일 부딪쳤다. 나중에 무슨 일이 일어날지 모르겠다는 생각이 들어 일이 생길 때마다 '상황 설명서'를 쓰게 했다. 그동안 모아놓은 상황 설명서만도 서류철 하나가 가득 찼다. 일찍 출근한 나는 상황 설명서를 넘기며 세이가 쓴 것마다 포스트잇을 붙여놓았다.

부모님을 학년협의실로 안내하고 마주 앉았다. 아버님의 눈이 빨갛게 충혈되어 있었다. "저처럼 잠을 못 주무셨나 봅니다."라고 인사를 건넨 후, 이른 아침에 상담할 수밖에 없는 점에 대해 다시 죄송한 마음을 전했다. 과학 시간에 세균에 대해 배웠다고 말씀드리고, 아이들이 별명을 부르는 것을 크게 지도하지 않은 것은 내 탓이라고 말씀드렸다. 그리고 아이의 생활 태도에 대해 같이 이야기를 나누자고 말씀드렸다. 이 일이 있었던 때는 학부모 상담이 정례화되지 않았었다.

상황 설명서를 하나하나 짚어나가자, 학부모님은 집에서 보는 아이와 밖에서 보는 아이가 다른 점을 확인하셨다. 나중에는 "가정에서 어떻게 지도해야 할까요?"라고 물으셔서 거짓말을 하는 아이의 심정은 혼나는 것이 두려운 것이니 꾸중하며 혼내기보다는 차분하게 대화 나누는 게 좋겠다고 말씀드렸다.

다행히 아침 상담은 원만하게 끝나 무거운 마음을 덜어냈다. 하지만 전날 밤은 완전한 지옥이었다. 말 한마디 한마디의 의미를 곱씹으며 반추하기를 잘하는 나는 '유리멘탈'이다. 다른 사람에게 듣는 기분 상하는 말을 '그럴 수도 있지' 하며 흘려버리지 못한다. 그런 말을 듣는 원인이 모두 나에게 있다고 생각하고, 나의 어떤 면이 그런 말을 나오게 했을지 수없이 되짚어본다. 무엇보다 힘든 과정은 생각을 되풀이하는 과정으로, 생각을 되돌리다 보면 그 생각이 마치 사실인 양 나를 더욱 옥죈다.

그래서였을까? 어려서부터 새로운 사람을 만나는 일이 힘들었다. 모임을 유지하는 게 부담되어 만남을 회피할 때도 있었다. 그럴 때 책은 내가 도망치기 좋은 장소였고, 다른 사람이 다가오지 못하도록 막는 벽이었다. 어느 책이 좋았고, 어느 책이 재미있었는가는 기억에 없다. 늘 가방에는 읽고 있던 책이 들어 있었고, 이 습관은 지금도 계속된다. 성격이 모나고 사회성이 떨어지는데 그나마 직장 다니며 지금의 성품이 된 것은 책 덕분이다. 책을 보며 수없이 나를 돌아봤다. 단점이 크게 보일 때가 어디 한두 번이었겠는가! 과거에 얽매여 있기를 잘하는 나는 능숙한 어른이라기보다 미숙한 사람이다.

공부하며 깨달은 것은 생각이 곧 '진실'은 아니라는 것이다. 나를 보호하기 위해 생각은 나를 변호하고, 핑계 대고, 나에게 유리하도록 해석하고, 상대방 판단하기를 멈추지 않는다. 상대가 어떤지 정확하게 알지 못하면서 내 생각과 판단이 옳다고 믿는다. '내가 분석력이 우수하고 앞을 내다보기에 가능한 일'이라며 검은 안경을 쓴 채 고집부린다.

그래서 무언가 마음에 걸리는 일이 발생하면 몇 날 며칠이고 생각을 되돌린다. 과거로 돌아가 하나하나 들춰보고, 기억을 끄집어내어 다시 해석하고 판단한다. 이것이 위험한 건 감정을 동반하기 때문이다. 생각이 감정을 자극하고 과거의 일들을 불러들이며 꼬리에 꼬리를 물 때, 삶의 모든 기쁨이 사라진다. 이제는 안다. 이 일은 모두 '에고(자아)'가 하는 일이란 것을.

에고 뒤에 있는 진짜 나를 마주해야 한다. 처음에는 에고인지 '진짜 나'인지 알아채지 못했다. 내가 판단하고 해석한 일은 모두 '진실'이고 왕왕 떠드는 에고의 말이 모두 '진실'로 보인다. 하지만 자세히 살펴보면 내 해석과 판단이 덧붙여진 '생각'이 만들어낸 일임을 알게 된다. 생각이 만들어내는 감정적인 말에 속지 말아야 한다.

『쉿, 나쁜 말은 안 돼요!』는 에고가 어떻게 작동하는지 보여준다. '친구 관계'를 주제로 친구 사이에 말이 얼마나 중요한지 알려주는 그림책으로, 아이들에게 읽어줄 때면 '아하!' 감탄사가 저절로 나온다. 친구의 말에 마음의 상처를 안고 있을 때 에고가 등장한다. 예전이라면 '마음의 갈등' 수준으로 생각하고 지났을 텐데 마음공부를 하니 에고가 보였고, 에고에 휘둘리는 주인공이 보였다. 내 경험으로 보면 에고를 알아채는 것만으로도 마음속 분란을 많이 잠재울 수 있었다. 마음이 요동칠 때 '지금 에고가 나를 휘어잡으려고 하는구나!' 생각하면 한 발 떨어져 에고를 바라볼 수 있었다.

레오는 단짝 라우라에게 나쁜 말을 들었다. 라우라가 레오에게 한 말을 책에서는 말 주머니 같은 물고기 모습으로 그렸다. 아이들에게 읽어줄 때 그 부분을 (진짜 고래가 알면 기분 나빠지겠지만) '고래'라고 읽었다. 여기서 고래는 들으면 기분 나빠지는 최고의 '상스러운 말(욕)'을 뜻한다. 처음에 그 말의 뜻도 몰랐던 레오는 나쁜 말이라는 것을 알게 되고 시간이 지날수록 점점 힘들어진다. 그 말은 커지고, 시도 때도 없이 나타나 생각을 지배하여 다른 일에 집중할 수 없다.

엄마는 레오에게 라우라가 진심으로 한 말이 아닐 거라고, 그 말을 머릿속에서 지우라고 한다. 하지만 레오는 머릿속의 생각을 지우는 법을 모른다. 마치 틀린 글씨처럼 지우개로 쓱쓱 지우고 싶지만 어떻게 해야 생각이 떠오르지 않는지 모른다. 머릿속에서 떠나지 않고, 꿈에도 등장하고, 음악을 들으며 생각하지 않으려 해도 고래는 등장한다. 레오와 라우라는 모두 에고의 말에 휘둘리고 있다. 이런 상황에 난 어떤가? 당신은 어떤가?

머릿속에 떠오른 생각을 단호하게 거부한 적이 있는가? 난 에고의 생각을 거부해야 한다는 것을 최근에야 깨달았다. 그동안은 에고에 이리저리 끌려다니다 마음이 엉망진창이 되고서야 멈췄다. 긍정적으로 생각해야 한다는 것을 알지만, 생각 하나 바꾸기가 그렇게 어려웠다. 특히 '내가 잘못한 것일 수도 있잖아'라는 생각이 들면 토씨 하나 놓치지 않으려고 과거를 들췄다. 레오와 라우라처럼 에고의 말을 아주 크게 확대하여 들었던 거다. 그렇게 해야만 되는 줄 알았다. 그것이 나를 '성찰'하는 일이라 생각했다. 나를 괴롭혀야 똑바로 서는 줄 알았다. 나의 허물을 잡아내기 위해 온 과거를 헤집으며 나를 괴롭힌 것이다.

하지만 그러면 그럴수록 내가 작아졌고, 우울해졌다. 자신감은 사라졌으며 사람들과 눈을 마주치는 일이 어려워졌다. 몇몇이 모여 웃으며 이야기하는 걸 보면 내가 왕따인 것 같고, 나를 흉보는 것 같았다. 나는 내가 하찮게 느껴졌다.

이런 상황에 무엇보다 중요한 것은 에고를 알아차리고 휘둘리지 않는 것이다. 어떤 일에 마음속 생각들이 막 떠오르면 이 생각을 누가 하는가, 무엇을 위해 하는가, 이 생각대로 행동한다면 무슨 일이 일어날 것인가, 스스로 질문했다. 에고가 원하는 결말이 내가 정말 원하는 것은 아니다. 그렇다면 왜 그런 생각들을 반복해 표면으로 떠오르는가? 내가 나를 옹호하고, 내가 옳았다고 주장하며 나를 편 들어주려는 '마음'이 하는 일이다. 그럼 좋은 일 아닌가? 아니다.

세상을, 상황을 내 편한 대로 편집해서 보고 생각하는 것이다. 중요한 것은 뒤에 숨어 있는 진실을 봐야 한다.

책을 읽어주며 에고의 말이 등장하면 "이 말을 누가 하는 거야?" "이 말이 진실일까?" "내가 이 말대로 행동해야 하나?" 질문했다. 아이들은 처음에는 질문을 이해하지 못하다가 '나'지만 진짜 '나'는 아니라는 걸 알아채며, '감정'이 하는 말이라고 했다. "그럼, '감정'이 하는 말이 '진실'일까?" 물었다. "맞을 수도 있지만, 아닐 수도 있어요. 직접 확인한 게 아니라 속으로 생각한 거니까요." "생각은 사실이 아니에요." "화 난 상태에서 한 생각이니까 실제보다 부풀렸을 것 같아요." 등 여러 말이 나왔다.

"그럼 우리는 이런 상태가 되면 어떻게 해야 할까? 주인공은 어떻게 하는지 유심히 보자."라고 말하며 주인공이 에고에 어떻게 대처하는지 살펴봤다. 레오는 커다랗게 부풀어 막아서는 고래를 손가락으로 꾹 누르며 "비켜! 네가 뭔데 나를 막아?" 말하고는 현관문을 활짝 열고 나가 라우라를 만났다. 용기를 내 진실을 마주하려 한 것이다. 에고의 목소리에 귀 기울이기보다 진실과 마주하기를 선택한 거다. 오호, 응원의 박수가 절로 나온다. 자존심이 붙잡고 있을 에고를 과감하게 뿌리치고 진짜 나로서 행동한 것이다.

내 안에는 이런 강한 '나'가 있다. 에고에 자꾸 붙잡혀 있으면 내 안에 '나'가 있다는 사실조차 망각한다. 아침부터 속을 끓게 하는 생각들이 뒤엉켜 복잡한 날 "왜 이리 요란하냐! 난 네가 누군지 알아!"라고 생각을 향해 단호하게 일갈했다. 그러자 신기하게 머리가 맑아지고 편안해졌다. 우리는 우리의 생각을 통제할 힘이 있다. 절대 잊지 말자. 감정을 동반한 생각은 나를 괴롭히는 생각들이다. 내 안에 있는 강한 나는 불안과 걱정의 불씨를 충분히 제압할 수 있다.

『쉿, 나쁜 말은 안 돼요!』

(에디트 슈라이버 비케 글, 카롤라 홀란트 그림, 유혜자 옮김, 토마토하우스)

레오는 머릿속의 생각을 지우는 법을 모른다. 마치 틀린 글씨처럼 지우개로 쓱쓱 지우고 싶지만 어떻게 해야 생각이 떠오르지 않는지 모른다. 머릿속에서 떠나지 않고, 꿈에도 등장하고, 음악을 들으며 생각하지 않으려 해도 자꾸만 떠오른다.

틀린 글씨야
지우면 그만이지만

나는 글을 쓸 때 제목부터 쓰고 시작한다. 중간에 제목을 바꾸기도 하지만 처음 잡은 제목은 글쓰기의 방향과도 같아서, 어디로 가야 하는지 알려주는 나침반 역할을 한다. 책을 쓸 때는 서문을 제일 먼저 쓴다. 서문이 책의 전체적인 흐름을 안내하기 때문이다. 이 책도 서문부터 썼다. 서문으로 왜 쓰게 되었는지, 어떤 내용을 어떤 순서로 진행할지 방향을 잡는다. 그리고 각 장에 들어갈 내용들을 정리하여 장별로 글을 완성한다.

글을 반복해서 읽으며 고치지 않은 적은 단 한 번도 없다. 평소 말할 때 주어와 술어를 바꾸는 습관이 있고, 어미를 내 식대로 쓸 때도 종종 있다 보니 늘 잘못 쓴 부분을 발견하게 된다. 또 글의 분위기를 파악하고 나면 내가 읽고 싶은 대로 읽어버려 틀린 부분을 알아채지 못한다. 얼마간의 시간이 지난 뒤 다시 읽으면 틀린 부분이 속출한다. 고로 내 사전에 완벽한 문장은 없고, 완벽한 글도 없다.

비문이 수두룩해도 글을 계속 쓸 수 있었던 건 '계속 쓰다 보면 나아지겠지' 하는 바람과 틀린 문장이야 '고치면 그만이지' 하는 생각 덕분이다. 공책에 글을 쓰든, 블로그에 글을 쓰든, 컴퓨터에 저장하는 글을 쓰든 최근 8년간 글 쓰기를 하루라도 멈춘 날은 없다. 그저 쓰는 일이 하나의 루틴으로, 밥을 먹는 것과 마찬가지다.

고쳐 쓸 수 없다면, 한 번 쓴 글이 그대로 공개된다면 글쓰기는 엄청난 스트레스일 것이다. 다행히 우리는 지우개보다 편리한 '삭제(Del)' 키만 누르면 수정이 가능한 시대에 살고 있다. 또 저장의 시대, 빅데이터의 시대를 살고 있어 우리의 말과 행동이 어딘가에는 늘 저장된다. 과거에 비해 자유롭지 못한 시대라고도 할 수 있다.

사람 사이에도 삭제 키를 눌러 마음에 안 드는 부분을 삭제하거나, '되돌리기'를 선택해 다시 돌려놓을 수 있다면 어떨까? 모든 사람이 갈등 없이 환하게 웃으며 살까? 알 수는 없지만, 가끔 자꾸 떠오르며 신경을 잡아끄는 일이 생기면 머리 어딘가에 삭제 키가 있었으면 좋겠다는 생각이 든다. 특히 그 일이 누군가와 연결된 일이라면 더욱 간절해진다.

나는 강하게 말하거나 행동하는 사람을 무서워한다. 그런 사람과 대화 나누는 일이 부담스럽다. 자기주장이 강하고 자기의 말만 옳다고 주장하는 사람을 보면 난 슬며시 피한다. 그럼에도 마주쳐야 하는 경우가 생기면 '그럴 수도 있어'라는 주문을 외우며 나를 안정시켜야 한다.

운동장 조회로 신학기 담임이 발표되면 학부모님이 광주리에 사과를 담아 와 자녀의 담임에게 건네던 때도 있었는데, 세월이 지나니 교사는 '약자'가 되었다. 목소리 높은 학부모는 마음에 들지 않는 담임을 바꿀 수 있고, 내 자녀를 위해 예의를 아주 가벼운 것으로 무시하며 버릴 수도 있다.

최재천 교수는 『양심』에서 우리 사회에서 사라진 낱말로 '양심'을 거론하며 이 언어를 되찾아야 하지 않느냐고 묻는다. 지도층 인사들의 말 바꾸기가 일상인 요즘 양심을 내세워 자성하는 사회를 촉구하는 노교수의 일침이 예리하다. 나는 양심에 한 가지 더, 사람 사이에 최소한의 '예의'가 있었으면 좋겠다. 양심이 내면의 죄책감이라면, 예의는 존중을 드러내는 외현적 표현이다. 예의가 있는 대화는 누구도 상처받지 않고 문제를 해결할 수 있지만 예의가 갖춰지지 않은 대화에서는 상처받는 사람이 반드시 생긴다. 어쩌면 삭제 키를 자유자재로 쓰는 시대에 양심이나 예의는 구태의연한 주장처럼 들릴지도 모른다. 함부로 삭제 키를 누를 수 없는 약자는 계속 코너로 밀린다. 사람으로 인해 생긴 상처는 사람을 심리적으로 위축되게 하고 자신을 한없이 작게 만든다.

조카가 집에 오는 날이면 슬며시 내 방으로 가 책을 읽고 나왔다.

읽고 나오는 책이 궁금해 어떤 책을 읽느냐고 물었다.

“『미움』하고 『핑!』이야”

“매번 같은 책이야?”

“응, 그림책이 아주 묘해.”

“그렇지? 볼수록 대단한 작품들이 있어.”

당시 조카는 ‘관계’를 힘들어하고 있었다. 본인과 너무 다른 성격을 가진 사람 때문에 힘들어하면서, 그 사람을 계속 만나야 할지 아니면 거리를 두어야 할지 고민하고 있던 터였다.

『미움』은 상대의 말과 행동이 내게 들어와 흘러가지 못하고 마음에 걸려 나를 괴롭히는 이야기다. 나와 성격이 다른 강한 사람을 만나면, 만남이 거듭될수록 마음의 갈등이 커진다. ‘나만 기분이 나쁜 건가’ 수없이 확인하고 상대를 이해하려고 무던히 애쓴다. 그럼에도 마음이 편치 않고 하루가 그 사람 생각으로 가득 차 다른 생각이 들어오지 못하는 상태가 된다. 그러면 무시하고 벗어나지 못하는 나 자신이 한심해 나를 탓하게 된다. 이런 일이 연일 계속된다면 살 수 있을까?

이럴 때 그림책 『미움』의 조언을 참고하면 좋겠다. 이 책은 작가가 기분 나쁜 말을 듣고 밤을 새웠던 경험을 바탕으로 탄생했다. 굵은 크레파스를 이용하여 단순하게 그렸지만, 그 직관적인 그림이 서사를 읽지 않아도 마음에 와 앉는다. 나의 의식을 졸졸 따라다니며 불친절하게 간섭하는 그 기분 나쁜 감정의 말 주머니인 “꼴도 보기 싫어"만 읽어나가도 된다. 감정은 점점 커지면서 주인공을 위협한다.

작가는 "꼴도 보기 싫어"로 감정을 대신하지만, 사람마다 목구멍에 걸리는 말은 따로 있다. 말뿐만 아니라 눈빛이 걸릴 수도 있고, 삐뚤어진 입이 걸릴 수도 있다. 그동안 그런 상황에 어떻게 했는가? 그 화살에 맞아 끙끙 앓은 것만이 아니었다. 아무 말도 없이 무력하게 있었던 나 자신에게 화가 나, '다시 그 상황이 된다면 이렇게 말해야지.'라고 수없이 장면을 되풀이하며 후회와 자책으로 나를 괴롭혔다.

미움은 상대방을 미워하는 데서 끝나지 않는다. 싫은 사람을 자꾸 떠올리면서 괴로워하는 내가 문제다. 기분 나쁜 이 감정은 억누르고 모르는 척해도 기어코 자신의 존재를 드러내려 한다. 나를 위해 까짓거 신경 쓰지 않는다고 수없이 다짐해도 괴로운 생각은 수시로 떠오르고 억울한 마음은 가시지 않는다. 지옥이 따로 없고, 사는 게 사는 게 아니다. 그냥 날 이렇게 내버려둘 수는 없다.

이럴 때 내가 쓰는 방법은 그 감정과 마주하는 것이다. 공책에 기분 나쁜 감정을 낱낱이 기록한다. 숨김없이 떠오르는 생각을 다 쓴다. 어떤 일이나 행동이 마음에 들지 않았는지 기록해보고, 그와 반대의 일이나 행동, 상대방은 어떤 생각에서 그랬을지를 떠올리며 적어본다. 한 방향이 아니라 다채롭게 기록한다. 또 전에 주고받은 대화나 행동들을 떠올리며 가감 없이 그동안의 관계를 되짚으며 기록한다. 기분 나쁜 말만을 생각하면 효과가 없다. 쓰다 보면 부글부글하던 감정이 가라앉으며 상황을 한 발짝 물러나 살피게 된다. 그 사람의 진심이 무엇인지 알게 된다. 진심을 알면 그다음은 행동하기 편하다. 관계를 끊는 것도, 거리를 두는 것도, 이해하는 것도 후회나 죄책감 없이 선택할 수 있다.

기분 나쁜 감정에 휘둘리는 자신이 너무 괴로웠던 작가는 "꼴도 보기 싫어"라고 한 친구에게 찾아가 '너는 나를 미워할지 모르지만, 나는 너를 미워하지 않기로 했다'라고 한다. 이건 감정을 떠나보내는 '의식'이다. 감정에 '종지부'를 찍는 의식이고, 내려놓음과 용서의 의식이다. 이 의식이 없었다면 발걸음은 가볍지 않았을 것이다. 막말하고 마음 상하게 행동한 상대에게 '선언'함으로써 자신의 괴로움 덩어리를 상대에게 넘겼다. '내려놓음'과 '용서'가 버거울 수도 있다. 이가 갈리는 상황인데 용서를 쉽게 선택할 수 있겠는가. 하지만 내가 살기 위해 결국에는 선택할 수밖에 없다.

누군가를 용서하려면 마음에 쌓인 감정을 내려놓아야 한다. 수많은 시간 켜켜이 쌓인 미움이라면 결코 쉬운 일이 아니다. 억울하고 가엾은 나를 먼저 안아주고 달래주어야 한다. '그때 힘들었지, 정말 죽고 싶었지. 용케 견디고 여기까지 왔구나!' '그 자리를 박차고 나오고 싶었을 텐데, 많이 참았구나. 그러느라 얼마나 힘들었니.' '잘 견딘 나를 응원해.' '고생했구나, 고생했구나.' '그 힘든 길을 잘 걸어왔구나.' 나에게 위로의 말이 스며들도록 들려주자.

눈물이 비집고 올라오면 흐르도록 내버려두자. 내 뜨거운 심장은 눈물을 뿜어내야 조금 온도를 낮출 수 있다. 격한 호흡이 시작되면 밖으로 나가 걷자. 한 번으로는 다 정리될 수 없다. 생각이 떠오르고 억울한 감정이 나를 지배하면 그것도 그대로 인정하자. 어느 가수는 사랑하는 아내를 잃고 노래방에서 혼자 몇 시간 노래를 부르며 진이 다 빠지도록 자신의 에너지를 쏟아냈다고 한다. 그 애끓는 마음은 본인 말고는 모른다. 나만의 방법, 내 영혼을 달래는 방법으로 나를 사랑하고, 사랑하자. 그런 후에야 내 마음에 빈자리가 생긴다.

용서는 급하게 하는 게 아니다. 내 마음의 응어리가 다 풀려야 가능한 일이다. 또 누군가의 강요로 가능한 일도 아니다. 누군가 강요하면 상처는 몇 배로 더 커진다. 아이들의 갈등을 조정할 때 사과는 격식을 갖춰 무엇이 미안한 일이고 잘못된 부분인지 말하며 정중하게 하도록 지도한다. 또한 사과를 받는 아이는 선생님 앞이라고 억지로 사과를 받아들일 필요는 없으며 자신의 마음이 풀어졌을 때 받아들이라고 말해준다. 그러면 마음에 쌓인 것이 많은 아이일수록 사과받을 준비가 안 되었다고 말한다. 아이들의 감정도 이처럼 복잡한데 어른들이야 말해 무엇하랴.

상대방을 찾아가서 내려놓음과 용서의 의식을 치르는 것이 좋지만, 그럴 수 없는 상황이라면 가까운 누군가를 앞에 놓고 이 의식을 행해 보길 권한다. 이 의식은 '선언'을 통해 내 마음의 결을 끊어내는 것으로, 속으로 생각만 하는 것보다 효과가 있다. 돌아가신 부모님에 대한 응어리가 있다면 아무리 본인 앞에서 풀고 싶어도 가능한 일이 아니다. 어떤 말도 다 들어줄 사람 앞에서 속상한 마음을 풀어내 보라고 권하고 싶다. 내 이야기 상대는 남편이다. 복잡한 친정 이야기를 울며불며 한다. 처음엔 남편에게 친정 일을 말하기가 자존심 상하는 일 같기도 했지만 지금은 남편이 제일 편한 상대이다. 늘 최종 선택은 내가 하도록 하는 남편이 고개 끄덕이며 들어주는 것만으로도 위로가 되고 시원해진다.

복수의 팁을 한 가지 말하려 한다. 드라마나 영화의 복수는 나와 맞지 않다. 난 그럴 만큼 강한 사람이 아니다. 내가 하는 복수는 '더 잘 사는 것'이다. 상처로 우왕좌왕하는 나였지만 내가 해야 할 일과 루틴에는 변화를 주지 않았다. 머릿속의 갈등이 심각해도 내 일이나 루틴은 미뤄지거나 무너지지 않았다. 고의로 나를 긁어 상처 주려는 상대는 없었음에도 난 상처를 입어 허우적거렸으나, 무너지도록 나를 놓아두지 않았다.

상대를 향한 실질적인 복수의 마음은 나를 행복하게 만들지 않는다. 중요한 건 나의 삶이고 나의 행복이다. 내가 행복하지 않은 일을 붙잡고 나를 힘들게 하기보다는 행복한 내 삶이 되도록, 내가 행복하도록 만들어 나가는 것이 지혜롭다. 내가 행복하게 잘 사는 것이 최고의 복수다. 이 모든 걸 잘 알지만 실천이 가능하지 않다면 필요한 것은 '전문가'다. 이런 때 도움을 받으라고 전문가가 있다.

진심으로 변하고 싶다면 '똑똑' 도움을 요청하는 용기도 필요하다.

그림책의 그림을 빼놓을 수 없다. 앞에서 말한 바대로 직관적인 그림인데 내가 책 속의 주인공이라 생각하고 감정을 느껴보길 바란다. 점층 화법으로 전개되는 그림을 보다 보면 기분 나쁜 감정이 목에 걸리고, 둘둘 몸을 감고, 창살이 되어 나를 가두고, 무엇을 하거나 어디를 가거나 발에 채워진 족쇄처럼 따라다닌다. 사방이 창살로 막힌 한가운데 있는 장면을 보았을 땐 오소소 소름이 돋았다. 외로움, 서러움, 억울함, 막막함이 여러 겹으로 칭칭 나를 감고 있는 것만 같았다. 가위눌림으로 밤이 되는 게 무서웠던 때가 떠올랐다. 그림 언어는 그렇게 시각적 이미지로 기억의 저편을 불러내도록 말을 건다.

어느 순간부터 조카는 우리 집을 방문해도 책을 읽으러 방에 들

『미움』

(조원희 지음, 만만한책방)

누군가를 용서하려면 마음에 쌓인 감정을 내려놓아야 한다. 수많은 시간 켜켜이 쌓인 미움이라면 결코 쉬운 일이 아니다. 억울하고 가엾은 나를 먼저 안아주고 달래주어야 한다. 나에게 위로의 말이 스며들도록 들려주자. 그런 후에야 내 마음에 빈자리가 생긴다.

어가지 않았다.

“그 사람과 어떻게 지내?”

“적당히 거리 두기로 했어. 전화 오면 받고, 만나면 만나고.”

“네 마음은 어떤데?”

“괜찮아. 마음 비웠거든.”

“맞아. 모두에게 적합한 ‘나’는 아니거든.”

힘든 과정을 거쳤다. 조카는 사무실에 그림책을 몇 권 사놓고 가끔 후배들에게 권한다고 한다. 어느새 조카가 관계 해결사가 된 것 같다.

아직 보내지 못한,

2022년 10월 29일, 늦은 오후에 한 후배를 만나 국립중앙박물관을 한 바퀴 돌았다. 박물관은 할로윈 축제의 한 가지로 'K-귀신'을 선보이고 있었다. 코로나로 불편했던 생활에서 벗어난 젊은 친구들이 박물관을 가득 채운 것 같았다. 다른 날보다 유독 많은 젊은 인파에 박물관이 젊어진 것 같아 기분이 좋았다. 박물관 주변을 산책하고 이촌동의 자주 가던 식당으로 자리를 옮긴 우리는 저녁식사에 술 한잔 곁들이며 많은 이야기를 나누었다. 음식점도 다른 날과 달리 손님이 많아 홀의 제일 구석 자리에 앉았음에도 우린 오랜만에 만난 것이 즐겁고 신나기만 했다. 헤어져 각자 집으로 가면서도 그날이 어떤 날이 될지는 전혀 몰랐다.

몸도 기분도 알딸딸해진 상태로 일찍 잠이 든 나를 깨운 건 안전문자 알람이었다. 이태원에서 압사 사고가 발생했다는 문자였다. 잠이 화라락 달아났다. 박물관에 그 많은 젊은 친구들이 있었던 이유를 그제야 깨달았다. 박물관 문이 닫힌 뒤 이들은 자연스럽게 발길을 이태원으로 옮겼으리라. 이 일을 어찌하면 좋단 말인가?

2014년 4월 16일 발생한 세월호 사건의 상처가 아직 아물지 않았는데 이 무슨 날벼락인가. 이렇게 한꺼번에 젊은 친구들을 보내야 하는 우리는 이 시대의 어른이 맞는가? 내가 정말 제대로 살고 있는가? 어떤 일이 발생하든 나의 행동부터 돌아보는 나는 한없이 작아지고 부끄러웠다. 핸드폰에 올라오는 기사, 사진, 영상 등은 충격 그 자체였다.

내가 사는 동네서 이태원은 옆 동네다. 외국인을 많이 볼 수 있는 곳으로 카페, 음식점 등이 예쁘고 독특한 곳이 많다. 골목 안으로 들어가면 굽이굽이 재미있는 곳이 많다. 문제는 그 골목을 오고 가는 길이 좁다는 것이다.

자신이 죽어가고 있다는 것을 알면서도 몸을 움직일 수 없을 때, 그렇게 의식을 차츰 잃어갈 때 얼마나 두려웠을까. 사랑하는 사람을 더 이상 볼 수 없다는 것을 알았을 때 얼마나 슬펐을까. 간신히 한 명 빼내어 바닥에 눕히고 혼신으로 심폐소생술을 하던 그들은 또 얼마나 참담했을까. 질서를 잡기 위해 목소리 높여 소리 질렀으나 자꾸 그 소리가 묻힐 때 얼마나 무서운 생각이 들었을까.

난 두려운 장면을 직면하지 못한다. 그래서 영화를 가까이하지 못하고, 역사를 증언하는 작품도 제대로 읽지 못한다. 세월호 사건 가족들의 이야기인 『금요일엔 돌아오렴』도 아직 읽을 준비가 안 되었다. 읽어야 하고 알아야 한다고 생각하면서도 내 심장을 후벼 파는 문장들을 감당할 자신이 없어 자꾸 미룬다.

나는 이런 대형 사고가 발생하면 학급의 아이들에게 이 일을 어떻게 알려야 할지 참담해진다. 이태원 사고는 아이들이 사는 지역에서 일어난 일이라 어떻게 지도해야 할지 방향이 서질 않았지만, 이미 뉴스를 보고 온 아이들에게 나는 교사로서 임무를 다했다. 앞이 보이지 않는 경사로에서 물밀듯 움직이는 게 얼마나 위험한지, 혼잡한 곳일수록 질서를 지키는 것이 얼마나 중요한지 수업하고 아이들에게 애도 기간을 갖자고 제안했다. 검은 리본에 아이들의 마음을 담아 글을 쓰고, 주변 친구를 더 사랑하는 하루하루를 보내도록 했다.

2024년 12월 29일에 날아든 비보는 어떤가. 제주항공 무안공항 사건은 단 몇 분 사이에 운명이 달라지는 걸 보며 허망하다는 말도 나오지 않았다. 착륙을 시도할 때 탑승객들의 마음은 이미 집으로 달려가고 있었을 것이다. 다 왔다고 생각하며 기지개를 켰을 것이다.

소식을 접하며 "또!"라는 말이 뚝 튀어나왔다. 사건이 터질 때마다 '우리 정신 차리자! 시스템을 구축하자!' 그렇게 외쳤지만 사건은 툭, 툭 터져 그동안 우리가 공염불을 외우고 있었다는 걸 확인시켜 준다.

먼저 희생자분의 명복을 빈다. 아프지 않고 두렵지 않은 그곳에서 부디 평안하시길.

난 늘 이런 사건을 엄마로서, 교사로서 되짚어 본다. 그 희생자가 내 자식이라면, 우리 반 아이들이라면 하고 바꿔 생각하면 숨이 쉬어지지 않는다. 내 모든 삶이 바로 그 자리에서 멈출 것 같다. 아마도 희생자 가족 모두는 지금도 그렇게 삶이 멈춰 있을 것이다. 아무 말 없이 그냥 안아주고 싶다.

고정순의 『철사 코끼리』를 읽고 아득해져 한참 동안 눈을 감고 있었다. 생이별을 한 가족에게 이 책을 바치고자 하는 작가의 마음이 전해졌다. 난 왜 이 작가의 작품을 좋아하는 걸까. 아마도 마음 아린 이야기를 따뜻하게 전해주기 때문이 아닐까. 이 책도 마음 아프고 가슴 철렁 내려앉는 내용임에도 마지막에는 '휴' 안도하게 하는 힘이 있다.

작가의 후기는 이 책이 탄생하게 된 이야기를 들려준다. '이별'이란 말을 이해하지 못하고 이해하기 싫었으나 삶에 '이별'을 넣어야 하는 것을 깨닫고, 특히 '안녕'이라는 작별 인사를 나누지 못한, 그리하여 잊어야 한다는 마음으로 오늘도 울고 있을 사람에게 이 책을 전한다고 한다. 다음에 만났을 때 '안녕'이라고 첫인사를 할 수 있도록.

돌산 아래 사는 데헷은 고철을 주워서 산 넘어 대장장이 삼촌에게 갖다주는 일을 한다. 이 일에는 언제나 아기 코끼리 얌얌이 함께했는데, 어느 날 얌얌이 죽음을 맞이했다. 코끼리의 죽음을 인정할 수 없었던 데헷은 철사를 모아 코끼리를 만들어 데리고 다녔다. 철사 코끼리는 얌얌 같지 않았지만 데헷은 얌얌이라 생각했다. 철사 코끼리와 다니는 데헷은 점점 사람들의 목소리가 들리지 않았고, 아무도 데헷 곁으로 다가오지 않았다. 데헷은 철사 코끼리를 데리고 다니느라 철사에 찔린 상처투성이가 되었다. 그러던 어느 날 철사 코끼리를 멈추니 사람들의 목소리가 들렸다. 데헷은 저만치 떨어져 철사 코끼리를 보면서 얌얌과 전혀 닮지 않았다는 걸 깨달았다.

엘리자베스 퀴블러 로스가 말하는 '죽음의 5단계' 모델로 데헷의 상황을 보면 '부정-분노-타협-우울-수용'의 단계를 거친다. 낱낱의 단계를 분명하게 밟아가는 것은 아니지만 데헷이 얌얌의 죽음을 부정하고 철사 코끼리를 얌얌이라 믿으며 생활하는 과정을 작가는 길게 표현했다. 이별을 받아들이는 시간은 저마다 다르며, 이 애도는 사실 정해진 기한이 없다. 이 애도 기간에 누군가의 어떤 위로도 마음에 스며들지 않는다는 표현을 데헷의 '소리가 들리지 않는 것'으로 대신했다.

다른 일도 그렇지만 죽음도 한 발 떨어져 바라볼 수 있게 되었을 때 우리는 현실로 돌아온다. 얌얌의 죽음을 받아들인 데헷은 철사 코끼리를 대장장이 삼촌에게 데리고 가 용광로에 넣는다. 삼촌은 아주 현명하게 이 일을 처리해 준다. 데헷의 마음을 헤아려 철사 코끼리를 녹인 쇳물로 작은 종을 만들어 준다. 데헷은 종소리를 들으며 얍얍이 함께 있다고 느낀다.

이 책은 일상적인 죽음을 다룬 책이 아니다. 병을 앓거나 나이 들어 맞이하는 죽음과 달리 '아기 코끼리'의 죽음은 아무도 예상하지 못한 '죽음'이다. 작가는 슬쩍 그 흔적을 남겼다. 데헷과 함께 다니는 얍얍과 달리 죽어 쓰러진 장면에서의 얍얍에겐 상아가 없다. 사람들이 상아를 뽑아가는 과정에서 코끼리가 죽은 것이다. 이 책은 바로 이런 예기치 못한 죽음을 우리는 어떻게 받아들이고 애도해야 하는지 묻는다. 아무도 예상하지 않았고, 그런 일이 일어나리라 한 번도 생각한 적이 없는데 죽음으로 우리 앞에 턱 다가왔을 때 우리는 어떻게 해야 하는가. 앞에 이야기한 사건들은 모두 전국의 국민을 우울감에 빠뜨렸다. 여러분은 각각 사건을 어떻게 지나왔는가. 그 안타까운 사건을 보며 눈물 흘리고 일상생활이 어렵지 않았는가. 전국 방방곡곡에서 많은 분이 분명 그랬을 것이다. 그런데 그 희생자의 가족이라면, 시신을 부둥켜안고 울 수도 없는 실종자의 가족이라면 어땠겠는가. 작가는 상실로 아픔을 겪는 분들께 데헷을 보냈다. 데헷을 보며 함께 울고, 함께 슬퍼하고, 함께 기운을 내라고.

그림을 자세히 봐야 한다. 그림은 단순하게 진행하지만 엄숙하다. 쉽게 눈물이 멈추지 않는다는 장면을 자세히 보면 눈물이 돌덩이로 되어 있다. 눈물이 바람에 날리는 물방울이 아니라 아픔이 단단하게 굳어 돌이 되어버렸다. 난 그 뼈아픈 이별이 어떤 아픔인지 짐작만 할 뿐, 잘 모른다. 경험하지 않은 자는 모른다.

또 한 곳, 철사 코끼리가 얌얌이 아니라는 것을 깨닫고 난 데헷의 모습이다. 데헷은 무릎에 얼굴을 묻고 하염없이 운다. 처음엔 이 장면을 자세히 알아보지 못했다. 오른쪽에 그동안 크기와는 비교할 수 없을 정도로 크게 그린 데헷이 웅크려 울고 있다. 앞의 여러 장면에서 데헷은 엷은 황토색으로 칠해진 작은 모습인데, 여기서는 형체의 둥그런 라인만 거칠게 남고 그 안은 텅 비어 있다. 데헷의 몸 안에 있던 수분이 눈물로 다 나온 것처럼 보이기도 한다. 이제야 데헷은 아주 깊은 애도를 쏟아내고 얌얌의 죽음을 자신의 삶 안에 있는 '이별'로 수용한다. 참으로 고된 피눈물의 먼 길을 돌아왔다. 누구도 대신할 수 없는 길을 걸어왔다. 발자국마다 피가 고였을 것이고, 잡는 것마다 상처투성이였을 것이다.

그동안 끌고 다닌 철사 코끼리를 용광로에 힘껏 밀어 넣으며 데헷은 어떤 기도를 했을까? 아마도 '자유로이 날아가렴' 하고 기도했을 것만 같다. 아주 깊은 슬픔을 견뎌낸 데헷은 한 발 성장했다. 슬픔도, 상실도 삶의 한 부분임을 마음 깊이 받아들였다. 데헷의 얼굴이 비로소 편안해졌다.

또한 이 책에서 인상적인 장면은 삼촌이 철사 코끼리를 녹여 종을 만들어주는 부분이다. 데헷에게 이런 어른이 곁에 있다는 것이 얼마나 든든한지 모르겠다. 바람에 종소리가 들려오면 데헷은 얌얌이 곁에 있다고 믿었다. 형틀처럼 가지고 다니던 철사 코끼리가 아니라 작은 종으로 바꿔준 어른의 지혜는 참으로 아름답다.

삼촌의 행동을 보며 난 댓글 시인 제페토의 <그 쇳물 쓰지 마라>라는 시가 생각났다. 충남 당진의 한 철강업체에서 이 회사의 노동자 김모(29) 씨가 용광로에 고철을 넣어 쇳물에 녹이는 작업 도중 발을 헛디뎌 추락한 사건의 기사문(2010.09.07.)에 댓글로 쓴 시다. 그 쇳물은 청년의 한이고 눈물이므로 자동차도, 가로등도, 철근도, 바늘도 만들지 말고, 마음씨 좋은 조각가를 불러 살았을 적 얼굴로 빚은 다음 정문 앞에 세워두어서 가끔 엄마가 찾아와 얼굴 만져 보게 하자고, 시인은 말한다.

우리가, 우리 사회가 이 아픔들을 품어 종으로든 동상으로든 무엇이든 만들어야 하지 않을까. 잊어버리고, 흘러가도록 놓아버리기에는 너무나 큰 슬픔인데, 그 슬픔을 한 개인의 슬픔으로 돌려버리면 안 될 일이다. 기억할 수 있는 뭔가를 우리 곁에 놓고 바라볼 수 있어야 하고, 기억을 되살리며 살아야 더 큰 슬픔이 생기지 않도록 노력할 것 아닌가.

'산 사람은 살아야지' 같은 위로의 말은 조금 참았으면 좋겠다. 깊은 애도는 언제 이루어지는지, 얼마간의 시간이 필요한지 아무도 모른다. 데헷처럼 충분히 슬퍼하고 견뎌내야 어떻게 살아야 하는지가 분명해진다. 충분히 슬퍼할 수 있도록 곁에서 따뜻한 관심을 표현하며 지지해주는 주변 사람이 많으면 좋겠다. 나는 엄마 돌아가시고 장례를 치렀을 때보다 첫 제사 때 뜨거운 눈물을 걷잡을 수 없었다. '아, 엄마 안 계시지' 하고 엄마의 부재를 피부로 느낄 때마다 내 안에 눈물이 차곡차곡 고였다가 터진 기분이 들었다.

죽음은 두 가지의 입장이 있다. 내가 마주쳐야 하는 '나의 죽음'과 가족, 지인의 죽음으로 인하여 내가 겪어내야 하는 '살아남은 자의 죽음'이다. 누구나 외면하고 나의 삶에 다가오지 않기를 바라지만 그림책에서처럼 우리 삶의 한 부분에 죽음이 있다. 죽음 앞에서 '이게 삶이려니' 받아들이는 평소의 인식이 중요하다.

'나'의 죽음과 '살아남은 자'의 죽음을 공부하는 과정에서 만난 인상 깊은 책을 소개하고 마쳐야겠다. 비류잉의 『단식 존엄사』, 다니카와 슌타로와 도쿠나가 스스무의 『시와 죽음을 잇다』를 읽으며 죽음을 다시 생각하게 되었다. 두 책은 모두 '존엄사'를 이야기한다.

『단식 존엄사』는 의사인 딸로서 엄마의 존엄사를 주도하는 과정을 기록한 책이다. 저자의 엄마는 소뇌실조증이라는 유전병을 앓는다. 소뇌실조증은 균형감각을 잃어 와식 생활을 해야 하므로 곁에 간병인이 있어야 한다. 유전병이어서 이미 부모와 형제의 마지막 모습을 보았던 엄마는 딸에게 24시간 간병인의 도움이 필요한 상황이 되면 '단식 존엄사'를 해달라고 말해놓는다. 딸은 재활의학과 의사이면서 미리 호스피스 병동의 환자 관리법을 익힌다. 엄마의 의식이 있을 때 모든 가족이 모여 '사전 장례식'을 한다. 가족사진을 영상으로 제작해 추억을 이야기하며 서로 감사의 마음을 전한다.

『시와 죽음을 잇다』의 저자 도쿠나가 스스무는 말기 암 환자들의 존엄사를 진행하는 의사다. 고통이 너무 심해 이 고통을 끝내고 싶어 하는 환자와 가족은 살아온 날들을 회상하고 서로에게 애틋함을 전하고 고요하게 죽음을 선택한다. 이 작가가 경험하는 죽음의 이야기를 편지로 다니카와 슌타로에게 보내면 슌타로는 시로 화답한다.

예기치 못한 죽음이든 아니든 죽음은 깊은 상처가 될 수도 있다. 이런 마음의 상처를 크게 가진 사람들이 편하게 찾아가 말할 수 있는 시설이 많았으면 좋겠다. '생존자'는 죽음을 피한 운 좋은 사람

『철사 코끼리』

(고정순 지음, 만만한책방)

깊은 애도는 언제 이루어지는지, 얼마간의 시간이 필요한지 아무도 모른다. 데헷처럼 충분히 슬퍼하고 견뎌내야 어떻게 살아야 하는지가 분명해진다. 충분히 슬퍼할 수 있도록 곁에서 따뜻한 관심을 표현하며 지지해주는 주변 사람이 많으면 좋겠다.

이 아니라 우리가 반드시 보살펴야 하는 대상이다. 죽음을 목격한 사람이 아무렇지 않을 수는 없다.

고정순 작가는 따뜻하게 마무리했는데도 난 죽음을 순하게 받아들이지 못한 걸 보니 삶에 무르익은 사람이 못 되나 보다.

겨울을 건너다

2025년 2월이다. 겨울의 끝자락, 이제 또 다른 시작이다. 교직에서 만날 마지막 아이들을 아직 마주하지 않았다. 아이들을 만나는 날을 헤아리며 준비하는 2월이 나에겐 한 해의 '시작'이다. 이름을 익히고, 준비한 자료들에 이름표를 붙이고, 일일 장부를 만들었다. 이 일도 이제 마지막이다.

방학 한 달을 집에서 책이나 보고 글이나 쓰며 지내다 오후 출근하니 피곤하다. 그 정도로 피곤했다면 출근이 익숙하도록 몸을 만들어야 한다. 교직에 남은 날들을 헤아리며 하루를 행복하게 지내는 일이 앞으로 내가 할 일이다. 환한 웃음은 나를 긍정으로 이끌 것이며, 내 앞에 있는 이들도 미소 짓게 하는 일일 것이다.

'건너다'라는 말이 뭉클하게 다가온다. 웅크려 있던 겨울 땅이 기지개를 켜며 봄을 준비하는 것도 건너는 일이고, 방학으로 잠잠하던 학교가 새 학기를 맞아 아이들 소리로 웅성거리는 것도 건너는 일이다. 한 시기를 건너고, 한 고통을 건너는 것이다.

2025년은 내게 교사로서 마지막 남은 징검다리다. 지나온 징검다리들을 보니 참 많다. 내가 건너는 이 세월의 강이 제법 너른가 보다. 하나하나의 징검돌에서 균형을 잃어 힘든 상황도 있었지만, 마지막 징검돌에서 보니 모두 환한 빛이다. 아마도 중간에 균형 잡기를 포기했다면 지금 서 있는 이 징검돌은 없었을 것이다.

못 견딜 것 같았던 일도 지나고 보면 지날 만한 일로 느껴진다. 그래서였나. 사람들은 힘겨운 사람을 보면 '이 또한 지나가리' '시간이 약이다!' '난 너보다 더했거든!' 같은 말을 쉽게 한다. 나도 그런 '실수'를 많이 했다. 실수라고 강조한 이유는 그런 말을 듣고 당사자가 힘을 얻거나 위로를 얻기 어렵다는 걸 알기 때문이다. 경계해야 할 일은 어려움을 겪고 있는 이에게 내 경험치가 해결 방법인 양 늘어놓는 것이다. 난 정말 이 말도 안 되는 실수를 많이 하며 살았다.

내가 꽤 완벽한 사람인 줄 알았는데 허술하기 이를 데 없었다. 지금은 실수하지 않고 통과하는 일이 거의 없을 정도다. 그럴 때마다 '허술한 나도 괜찮다' 인정한다. 내가 좀 너그러워지니 손잡아주는 일, 등 두드려주는 일, 안아주는 일이 나에게는 익숙한 일이 아니었는데도 어느 순간 그 일을 내가 하고 있었다.

지금 나는 '노인'으로 삶을 이동하고 있다. 정형외과적 노화는 이미 진행되었다. 하지만 인지적 노화는 마주하고 싶지 않다. 마음대로 되는 일은 아니겠지만, 뇌를 괴롭히는 과업은 계속해야 할 것 같다. 노인으로 건너가는 과정은 두렵기도 하고 설레기도 한다. 40년 가까이 이어온 교사로서 짐을 내려놓는 건 설레는 일이다. 남은 생을 어떻게 살지 생각하는 것도 설레는 일이다. 신체는 젊은 날로 돌아갈 수 없으니 천천히 살아야 한다는 걸 더 받아들이고 있다. 신호등 두 칸 남았는데 달려가는 젊은 청춘을 부러워하기(엄청 부러웠음)보다는 다음 신호를 기다리며 나에게 '여유'를 주는 일을 더 연습해야 한다.

두려운 일은 '이별'이다. 내가 맞이할 죽음보다 남게 되는 내가 더 두렵다. 나도 마지막에 기다리는 죽음을 향해 가면서 관계의 폭이 점점 줄어들 것이다. 그걸 받아들이고 준비하는 일은 두렵다. 지금 살아계신 부모님은 시어머님 한 분 뿐이다. 그동안 직장 다닌다고 자주 찾아뵙지 못했는데, 이제 자주 뵙겠다는 계획이 최우선이다. 어머님을 뵈면 내가 기쁘다. 젊어서 느끼지 못한 애틋한 감정이 자꾸 올라온다. 어머님의 지혜로움을 내가 다 본받을 수 있을지 모르겠다.

살면서 많은 강을 건넜다. 영민하지 못한 머리로 공부할 때, 일찍 부모님을 여의고 살아야 할 때, 결혼하여 자식을 낳아 기를 때, 교사로 40년 가까이 살아오는 동안 수없이 강을 건넜다. 강 앞에 마주 서면 기쁘고, 두렵고, 설레고, 캄캄하고, 까마득했다. 그런데 어쩌다 보니 많은 강을 건넜다. 주저앉았던 적은 없다. 이 얼마나 감사한 일인가. 또 '실수'하련다. 청하지도 않은 훈수다. "인생에 건너지 못할 강은 없다!"

상실을 혼자 견뎌야 하는 이야기인 『슬픔을 건너다』는 한 번 읽는 걸로 끝나지 않는다. 시의 언어가 독자를 사로잡는다. 작게 소리 내어 읽으면 서사는 그대로 내 안에 들어온다. 상실의 상처를 혼자 견뎌온 시간이 책과 함께 흐르다 결국 책 속의 주인공처럼 나도 기지개 켜고 일어나야 할 때가 되었음을 깨닫게 된다. 아직 일어날 수 없다면 다시 이 책을 펼쳐야 한다. 그리고 천천히, 아주 천천히 그림책 한 페이지마다 내 기억 하나씩 꺼내놓으며 읽기를 다시 해야 한다.

시작은 빌딩 옥상 같은 사각기둥 꼭대기에 있는 주인공이다. 검은 형태에 눈만 동그랗게 하얀 주인공이다. 오른쪽 한 사각기둥에 나무 그림자가 보인다. 처음 읽을 때는 그 그림자가 무엇을 의미하는지 몰랐다. 마지막 페이지에 다다르면 저절로 첫 장면으로 돌아가 어디가 변했는지 확인하게 된다. 그 즐거운 놀이를 내가 빼앗지 않겠다.

그런 날이 있어.

당연했던 일상이
간절한 희망으로 변해 버리는
그런 날.

첫 서사로 턱 하니 숨구멍이 막힌다. 원인이 무엇인지는 모른다. 당연한 일상이 '간절한 희망'이 되었다는 사실 하나로 찌르르 아프다. 그 힘겨운 상황을 이렇게 단순하게 말할 수 있다는 게 이상할 정도로 직관을 때린다. 가까운 누군가와의 이별, 그 상실의 아픔은 실로 크지만 대신해 줄 수 없다. 어떻게 하지? 작가는 그 깊이 모를 슬픔에 푹 빠져 수면 아래로 깊숙이 가라앉은 모습으로 풀어낸다. 주인공만 느끼는 상황이라고, 나와는 상관없는 일이라고 말할 수 있는 사람이 몇이나 될까.

어떻게든 벗어나 보려고 발버둥 쳐보고, 쓰러졌다 다시 일어나 허우적거리기도 여러 차례. 어느 방향이든 빛이 있으려나 두리번거리던 날들. 도와주지 않는다고 원망도 하고, 소리 질러 고함도 쳐보지만 안타깝게도 내면에서 들려오는 소리는 '혼자' 견뎌야 한다고 한다. 무엇을? 어떻게? 반복되는 질문을 하며 막막하고, 시렸다. 그 과정은 눈물을 단단하게 쌓아 쟁여놓는 일이었다.

작가들은 참 냉혹하다. 혼자 견뎌야 하는 일은 그림책처럼 몇 바닥의 그림으로는 정리되지 않는다. 갈피마다 한숨과 눈물이 서려 있어 종이 한 장 넘기는 가벼운 일이 아니다. 할 말이 아직 많이 남았는데 손은 넘길 준비를 한다. 이 책은 부디 여러 명이 함께 읽기를 권한다. 막막한 순간을 돌아가며 이야기하고, 시렸던 순간을 돌아가며 이야기하고, 눈물이 단단히 굳어 심장에 박힐 때의 이야기도 돌아가며 하자. 어쩌면 그것만으로도 가슴이 후련해질지 모른다. 책 읽기는 나를 토해내는 과정이기도 하다.

작가는 탈출하는 방법을 알려준다. 모든 빛이 꺼질 때 마지막으로 남은 빛을 따라가라고 한다. 그리고 자세히 살펴보고, '새로이' 마주해야 하는 일을 당당하게 마주하라고 한다. 작가는 새로이 마주하라는 장면에 커다란 선인장을 그렸다. 오호, 그동안 감추려고 무던히 애쓴 상처를 마주하라는 주문이다. 핑계 대고 남을 탓하며 외면했던 그 상처를 용기 내어 직면해야 그 상처에서 나올 수 있다고 그림이 말한다.

상처의 내용은 사람마다 다르다. 살아오며 켜켜이 쌓인 상처는 내가 털어내지 않는 한, 더 큰 아픔이나 병으로 다가올 수도 있음을 잊지 말자. 작가는 상처를 털고 가는 주인공에게 빨간 선인장꽃을 선사한다. 이제 문이 선명하게 보인다. 길이 선명하게 보인다.

내가 빠진 구덩이에서 빛은 보이지 않았다. 빛이 있는지도 몰랐다. 어떤 희미한 빛이라도 있기를 바랐다. 나의 내면을 향해 수많은 질문을 보내며 나를 미소 짓게 하고 나를 따뜻하게 했던 기억을 하나하나 되살려놓으며, 그 밝음이 내 안에 차오를 때 빛이 보였다. 발끝에 힘이 모여 일어설 수 있었다. 언제나 그 일은 쉽지 않은 과정을 통과해야 했다.

그동안 아이들과 그림책 만들기를 할 때 그림을 스캔하고 서사를 입히는 과정에서 서사를 어디에 놓아야 할지 고민이 많았다. 고민을 덜자면 서사의 위치를 고정하고 진행하면 된다. 하지만 이런 방법은 변화가 없어 식상하다. 서사는 그림을 방해하지 않아야 하고 그림의 의미를 돋보이게 해야 한다. 그런 면에서 본다면 이 그림책은 그림과 서사의 위치에 있어 표본으로 삼아도 좋을 만큼 균형이 잘 맞는다. 서사가 마치 그림의 한 부분인 듯한 착각을 일으킨다. 주인공의 마음이 가라앉으면 서사도 함께 가라앉고, 주인공의 마음이 떠오르면 서사도 떠오른다. 주인공 마음의 위치에 서사가 서 있다. 그래서 글인데도 그림 같다.

대중적인 문화에 난 한 발 느린 사람이다. 텔레비전을 안 본 지 몇 년이 되었고 그나마 소식은 종이 신문으로 접한다. 그러다 요즘 유튜브에 자꾸 빠지는 중이다. 알고리즘을 타고 오는 뭔가가 섬뜩할 때가 있다. 내가 클릭하지 않았어도 내 손이 멈춘 곳을 빅데이터로 저장했다가 알고리즘으로 돌아온다고 한다. 난 그 알고리즘에 빠져 더 많은 뭔가를 불러들이고 더 많은 시간을 들여다보고 있다.

어느 날부터 알고리즘에 가수 황가람이 올라왔다. 처음엔 그가 누구인지 몰라 클릭하지 않았는데, 출연한 방송의 조각 영상이 다시 올라와 누르게 되었다. 그 영상을 보다 눈물이 핑 돌았다. 마흔 넘은 나이에 무명 가수로 20년을 보낸 그는 그동안 살아온 이야기를 밝게 들려주다가 사회자가 스무 살의 자신에게 해주고 싶은 이야기를 하라고 하니 고개를 숙이고 말을 이어 나가지 못했다. 한참을 울다가 그가 어렵게 들려준 말은 "너무 오래 걸리니까 한 번에 잘 되려고 하지 말고, 가치 있는 일은 빨리 되는 게 아니니까, 더 열심히 했으면 좋겠다"는 거였다.

그 영상을 시작으로 황가람의 영상들을 보니 고등학교 졸업 후 노래한다고 서울로 올라와 노숙을 140일 넘게 해봤고 안 해본 일 없을 정도로 노래 부르기 위해 노력했다고 한다. 그 고생을 하면서도 포기하지 않은 게 신기할 정도였다. 10년이 지났을 때는 하도 안 되어 안 된다는 걸 자신만 모르고 있는 건가 생각할 정도였다고 했다. 그는 고생한 이야기를 하면서 자신을 '벌레'라고 했다.

황가람의 <나는 반딧불>은 원래 밴드 '중식이'의 원곡을 리메이크한 곡이다. 그 노래를 황가람은 자신의 이야기로 받아들였고 이 노래로 무명에서 벗어났다. 나는 노래를 들으며 깊은 위로를 받았다.

『슬픔을 건너다』

(홍승연 지음, 달그림)

이 책은 부디 여러 명이 함께 읽기를 권한다. 막막한 순간을 돌아가며 이야기하고, 시렸던 순간을 돌아가며 이야기하고, 눈물이 단단히 굳어 심장에 박힐 때의 이야기도 돌아가며 하자. 어쩌면 그것만으로도 가슴이 후련해질지 모른다. 책 읽기는 나를 토해내는 과정이기도 하다.

부모님께 난 빛나는 별이다. 내 자식도 나의 빛나는 별이다. 고로 누군가의 자식인 우리는 모두 빛나는 별이다. 한 번도 의심하지 않아야 한다. 그런데 내가 벌레라고 한다. 겁날 것 없다. 자존심 상할 일도 없다. 분명 난 눈부실 테니까. 분명 난 빛날 테니까. 노래에 진심인 가수 황가람은 끝내 노래로 강을 건너 자신의 빛을 찾았다. 그는 빛나는 별이었다.

누군가의 겨울은 3개월일지 모르지만, 누군가의 겨울은 20년이 될 수도 있다. 분명한 건 그 겨울을 혼자 건너야 한다는 거다. 하지만 그 겨울을 건너면 난 분명 성장한 모습일 거다. 분명 난 겨울을 또 건널 것이고, 또 빛날 것이다.

봄

봄이 좋다. 사진을 찍으며 걷는 걸 좋아하는 난 무채색의 겨울에는 웅크린다. 밖으로 나가 걷는 게 재미없다. 그러다 잎눈과 꽃눈이 부풀어 오르고 흙바닥에 무언가 꿈틀대듯 초록이 보이기 시작하면 덩달아 내 마음에도 초록이 자란다. 어느새 발걸음은 빨라지고 분주해진다. 아니, 발걸음이 자꾸 멈춰진다. 어제보다 달라진 모습을 찾아내느라 눈동자는 초롱초롱해지고, 핸드폰은 식물을 찍느라 정신없다.

봄은 대지에만 기운을 불어넣는 게 아니다. 내 심장에 새 기운을 넣어 온몸 구석구석에 그 떨림을 전달한다. 꽃을 찾아서 들이나 산을 돌아다니는 것은 아니지만 내가 사는 동네에 몇 군데 거점을 마련하고 순찰하듯 돌아다니며 살핀다. 삼지닥나무, 올괴불나무, 히어리, 매화나무, 홍매, 산수유, 계수나무, 쪽동백, 산수국, 호두나무꽃을 볼 수 있는 곳, 은행나무꽃을 볼 수 있는 육교 등을 찾아다니며 '오늘은 어떠신지?' 문안드리듯 살핀다.

삼지닥나무와의 조우는 지금 생각해도 설렌다. 동료 선생님의 차를 타고 가다 코너를 도는 순간 꽃이 보였다. 성급하게 "내려주세요. 삼지닥나무를 본 것 같아요."라고 말했다. 영문도 모른 채 차를 세워준 선생님을 뒤로하고 나무 곁에 다가가니 하얀 솜털 외투를 입고 안쪽은 노랗게 벽지를 바른 삼지닥나무 꽃이 보였다. 책에서 사진으로만 보았을 뿐, 직접 본 적은 한 번도 없던 꽃의 이미지가 뇌의 어느 구석에 숨어 있다가 툭 튀어나온 덕분에 동네에서 삼지닥나무 한 그루의 위치를 알게 되었다. 2022년의 일이다.

눈이 많이 내린 날 나무를 찾아갔다가 깜짝 놀랐다. 삼지닥나무는 꽃봉오리인 채로 겨울을 나고 있었다. 함박눈을 뒤집어쓴 채 서로의 체온을 나누듯이 다닥다닥 붙어 있는 꽃봉오리는 지긋이 눈 감고 때를 기다리는 선각자의 모습이었다. 내 발걸음은 빈번해졌지만, 꽃봉오리는 아는지 모르는지 무심할 뿐이었다. 이 나무는 왜 이런 선택을 했을까? 꽃눈으로도 힘든 겨울을 꽃봉오리로 건너려 하다니!

그 과정에서 내가 발견하는 것은 '기다림'이다. 화려한 꽃으로 지내는 시기는 길어야 며칠뿐이지만, 꽃눈이나 꽃봉오리로 지내는 시간은 참으로 길다. 꽃봉오리들은 쉽게 문을 열지 않고 천천히 크기를 키우며 때를 기다린다. 관찰한 바로 매화와 히어리 같은 봄꽃들은 한 달 이상을 준비했다. 꽃 한 송이가 세상에 나오는 일이 참 쉽지 않다. 성격 급한 나는 빨리 보고 싶어 조바심을 내며 찾아가지만, 몇 차례 거절을 한 후에야 슬며시 한 송이씩 보여준다. 결코 하루아침에 흐드러지게 피지 않는다. 꽃이 흐드러지게 피었다면 그건 지는 중이다.

첫 꽃은 무녀리다. 처음으로 꽃의 문을 여느라 형태가 완벽하지 않다. 꽃잎의 어느 한쪽이 작고 허술하다. 그래도 참 어여쁘다. 매서운 바람을 이기며 피워 올린 첫 꽃이다. 또 어느 순간 찬바람이 휘몰아칠지 모른다. 그 바람을 오롯이 혼자서 버텨야 한다. 벌이 기다리는 것도 아니고, 눈 밝은 이가 봐준다는 보장도 없다. 그런데도 '나 여기 있어요!' 고개 내민 한 송이 꽃이 장하고 대견하다. 그 용기가 눈물겹다.

봄을 기다린 건 나무들만이 아니다. 유난히 눈이 많이 내린 계절을 보내며 시선을 자주 먼 곳으로 향하는 내 행동은 '기다림'이었다. 손은 호주머니를 찌르고 있지만, 눈은 늘 바닥을 바라보며 걷는 것도 '기다림'이었다. 길을 바꿔 돌면서 순찰 카드에 확인 도장을 찍듯 나무들을 살핀 것도 '기다림'이었다. 기다림이 '간절함'으로 변할 때 꽁꽁 싸고 있던 꽃잎을 조금씩 보여주기 시작했다. 내가 흥분한 기색이니 그 상태로 또 멈췄다. 봄은 줄다리기의 명수다.

봄은 그렇다. 나나 식물이나 기지개 켜고 용기 내는 계절이다. 잘된다는 확신은 없다. 잘 안 될 거라는 믿음도 없다. 두려움에 벌벌 떨면서도 움츠렸던 몸을 활짝 펴며 용기를 낸다. 용기 내어 시작해

보는 거다. 이리저리 꿈틀꿈틀 움직여보고 발에 힘을 줘 걸어 나간다. 뚜벅뚜벅.

나, 생각보다 강해!

“이모, 엄마가 책을 꺼내는데 제목 보고 이모가 하고 싶은 말이 뭔지 알 것 같아서 눈물이 핑 돌았어! 나, ‘이까짓 거!’ 하면서 잘 견딜게.”

“그래, 용기 내자.”

눈물이 뿌옇게 번지는데도 서로 아무렇지 않은 듯 통화했다. 40대인 조카는 유방암이라고 했다. 유방암은 전이가 쉬워 절제 수술을 권한다는 걸, 한쪽에만 암이 있어도 균형을 위해 양쪽 모두 절제해야 한다는 걸 조카를 보면서 알게 되었다.

지금껏 직장 생활하는 나로서는 집에서 아이들 키우며 살림하는 조카가 부러웠다. 우리 집은 발 디딜 틈 없이 번잡한데 사진으로 보는 조카네는 여성 잡지에 나오는 집처럼 깔끔하고 아름다웠다. 흐트러진 물건 하나 없이 완벽한 ‘행복의 집’이었다. 그런데 암이라니?

질병은 느닷없이 찾아오는 불쾌한 손님이다. 언제 닥칠지 몰라 보험을 들어놓기는 하지만 그렇다고 질병이 다가오길 기다리는 사람은 없다. 내게 처음 부정맥 증세가 나타났을 때 너무나 무서웠다. 심장이 쉼 없이 뛰어 윗옷이 계속 흔들리는 걸 내려다보며 어떻게 해야 하나 판단이 서질 않았다. 남편에게 전화하니 집이 아닌 병원으로 가라고, 자신도 곧장 퇴근하겠다고 했다. 퇴근 준비 중이던 동네 병원의 직원들은 나보더 더 다급해져서 여기저기 전화를 돌렸고, 곧바로 대학병원 응급실로 이동해 주사를 맞고 나서야 심장이 진정되었다. 부정맥만으로도 나는 어쩔 줄 몰랐는데, 암이라니, 두 곳 다 절제해야 하는 수술이라니!

병을 받아들이는 과정은 죽음을 받아들이는 과정과 같다. '부정-분노-타협-우울-수용'의 단계를 거친다고 한다. 모든 사람이 단계를 분명하게 거친다기보다는 몇 가지가 동시에 일어나기도 하고, 종교나 생활 태도의 영향으로 수용이 쉽게 되기도 한단다. '부정'은 나한테 그런 질병이 있을 리가 없다고 생각하며 다른 병원에서 다시 진료를 받아보는 단계다. '분노'는 그동안의 생활을 돌이켜보며 후회하고 자책하는 시기고, '타협'은 병원에서 하는 치료 외의 방법은 없는지 유사 치료를 해보는 단계다. 치료를 부정적으로 바라보며 우울감에 깊이 빠지는 '우울' 단계를 지나 병과 치료의 과정을 받아들이는 '수용' 단계에 이른다. 간단하게 설명했지만, 환자로서 이 과정을 거치는 일은 괴로운 일이다. 조카는 씩씩하게 받아들이고 행동했다. 고등학생 쌍둥이 자녀의 학업에 신경 쓰는 것을 줄이고, 남편에게도 협조를 구했다.

수술하기 전에 내 마음을 전해야겠다 마음먹고 언니를 찾아갔다. 난 언니네 조카들에게 애틋한 마음이 있다. 언니를 의탁하며 산 세월이 반백 년이다. 조카들의 학창 시절을 곁에서 보내고 성인이 되어 직장을 얻고 결혼하는 과정을 지켜본 나다. 내게는 모두 남다른 조카들이다.

언니와 식탁에 앉아 조카의 상태를 이야기하다 그림책 한 권을 꺼냈다. 박현주 작가의 『이까짓 거!』다. 책을 조카에게 읽어주라며 언니에게 먼저 읽어줬다. 언니는 "그림책이 이런 거구나!"라며 놀라워했다.

박현주 작가를 처음 만난 건 2023년 3월 '숭례문학당'에서다. 작가와의 만남 공지가 떴을 때 얼른 신청했다. 이미 학부모 공개 수업을 『이까짓 거!』로 하겠다고 마음먹고 있었는데 작가와의 만남이라니, 망설일 이유가 없었다.

책이 나오기까지의 과정을 듣고, 질의응답 시간을 가졌는데 나 혼자 읽고 생각하는 것과는 다른 느낌을 받았다. 남자 주인공 이야기, 제목에 얽힌 이야기, 그림에 관한 이야기를 들으며 그림책을 어떻게 읽어야 하는지 다시 생각했다. 작품 속에 있는 장치들은 작가의 치밀한 계산에서 나온 것이었다.

이야기는 면지부터 시작한다. 수업 중인데 비 오는 밖을 내다보는 아이가 한 명 있다. 주인공이다. 속표지에는 우산을 쓰고 손에 또 하나의 우산을 든 사람들이 보인다. 우산 없이 등교한 아이를 위해 우산을 챙겨 오는 누군가의 가족들이다.

비가 오는데, 우산이 없는데, 마중 올 사람도 없어 주눅이 든 주인공은 아이들이 총총 하교하는 모습을 바라보다 준호를 만난다. 준호는 이까짓 비는 아무것도 아니라는 식으로 가방을 머리에 쓰고 뛰어나간다. 그제야 주인공은 가방을 머리에 이고 준호를 뒤따른다. 마지못해 따라나선 길이지만 주인공은 몇 번의 게임을 하는 동안 스스로 앞장선다. 그리고 주변의 시선이나 말은 간단히 무시할 수 있다. 퍼붓듯 내리는 장대비도 무시할 수 있다.

다행이다. 책은 "휴우" 숨을 길게 내쉬며 안도할 수 있도록 독자를 안내한다. 사실 비를 맞는 것은 큰 두려움이 아니다. 우산을 쓴다고 젖지 않는 것도 아니며, 젖은 옷은 집에 가서 갈아입으면 그만이다. 큰 걱정은 다른 사람이 어떻게 볼지 염려하는 마음이다. 우산을 갖다주는 사람이 없는 '불쌍한' 아이로 보는 게 싫은 것이다. 그런 주변 사람의 시선도 사실 별거 아니라는 담대한 마음이 커지면서 주인공은 점차 당당해졌다.

난 소심한 예전 사람이라 '다른 사람이 보는 나'로부터 자유롭지 않다. 기본 정서에 '창피함'을 두둑하게 갖고 있다. 얼굴이 금방 붉어지거나 목소리가 떨리지는 않지만, 등이 훅 뜨거워지고 작아지는 내가 느껴진다. 한 번 받은 그 느낌은 아주 오랫동안 나를 지배한다. 다른 사람의 시선에 별로 구애받지 않고 하고 싶은 대로 하는 사람을 만나면 '어떻게 저럴 수 있지?' 싶으면서도 한편으로는 부럽다는 마음도 든다. 책 속의 준호가 그래서 부러웠다. 준호에 비하면 난 방어하기 위한 몇 겹의 옷을 입고 있는 기분이다.

나 같았던 주인공은 준호를 보며 용기를 내고 무거운 마음을 하나씩 빗속에 집어 던지며 자유로워진다. 준호 뒤에 숨고자 뒤처지던 발걸음은 어느새 준호를 앞지르기에 이른다. 그럴 수 있었던 것은 사실 준호가 곁에 있었기 때문이다. 자신과 비슷한 처지에 있는 사람이 있기에 용기 내기 쉬웠던 거다. 그 사람이 없다면? 작가는 자연스럽게 우리를 이끈다.

준호가 학원으로 들어가 버리자 비는 달리 보인다. 더 굵은 장대비다. 이제까지 어떻게 왔나 생각이 들 정도다. 하지만 혼자다. 저 장대비를 오롯이 혼자 견뎌야 하는 건 주인공의 몫이다. 주인공은 신발의 끈을 매듯 가방을 어깨에 멨다. 머리에 쓰는 방식이 아니다. 머리에 쓰고는 당당하게 비를 마주할 수 없다. 예전과는 다른 모습으로 당당하게 빗속으로 뛰어든다. 이제 거칠 게 없다. 이까짓 거!

홀로 마주함, 그랬다. 내 앞의 장벽을 넘을 사람은 나였다. 장벽이 가로막혀 있다고 다른 사람에게 도움을 청하면 갖가지 해결 방법이 나오긴 하겠지만, 선택은 나의 몫이다. 최상의 선택을 하기 위해서는 정면으로 마주 앉아 대면하는 시간이 있어야 한다. 이젠 도망칠 수 없다. 장벽을 뛰어넘든지, 구멍을 뚫고 나가든지, 장벽을 부숴버리든지는, 피해 가든지 오직 나의 선택에 달려 있다. 뒤돌아 간다면 난 또 다른 장벽들을 마주할 거고, 그때마다 숨으면 차츰 작아질 것이다. 결국 혼자 견뎌야 한다. 고통도 외로움도 내가 짊어져야지, 내 짐을 누군가에게 떠넘길 수 없다. 넘기고 싶다고 넘겨지는 것도 아니다.

나는 인상적인 장면을 꼽으라면 먼저 준호가 당당하게 빗속을 뛰어드는 모습을 꼽겠다. 달려 나오는 모습을 크게 그렸는데 그림에서 엄청난 힘이 느껴진다. 작가가 전하고자 하는 용기와 거침없는 추진력이 그림에 그대로 보인다. 작가와의 만남에서 작가는 준호에 대한 애틋한 마음을 전했다. 준호는 실존 인물을 참고한 것인데, 아프다가 건강해진 아이의 모습이 대견해 꼭 그림책에 넣고 싶었다고 한다. 그림책 모임에서 한 선생님은 그 장면을 꼽으며 "그림에서 힘을 보여준다는 게 이런 것이군요"라면서 감탄했다. 그동안 그림을 '아름답다'는 기준으로 보았는데, 심리적으로도 읽을 수 있다는 것을 알게 되었다고 했다.

또 한 곳, 마지막 장면도 빼놓을 수 없다. 주인공은 누군가가 도움을 주겠다는 걸 거절하고 맨몸으로 돌진한다. 발에 들어간 힘이 느껴진다. 입을 앙다물고, 주먹 쥔 채 정면 돌파다. 그 힘이 그림을 보는 나에게도 전해진다. 몸에서 나온 뜨거운 에너지로 비는 오히려 시원함을 주는 것 같다. 마지막 장면에 이르면 주인공의 얼굴이 달라진다. 힘이 들어간 눈, 여유로운 입의 모습이다. '이까짓 거' 하며 두려움을 제치는 순간이다.

집에 도착한 주인공이 마음속에 그려진다. 장대비를 혼자 맞을 수도 있다는, 다른 사람의 시선을 무시할 수 있다는, 성공한 이의 '뿌듯함'이 가득한, 살아가는 지혜를 얻은 마음에 분명 입은 벙글거릴 것이다. 저녁에 걱정스러운 마음으로 들어오는 가족을 유쾌하게 맞이하며 '이까짓 거!' 하면서 여유를 부리는 주인공의 모습이 눈에 선하다.

색조를 잘 살필 필요가 있다. 처음에는 두 주인공에게만 채색을 입히고 배경은 짙은 회색이다. 하지만 뒤로 가면 배경색이 옅어지다 최종에는 밝은 노란색으로 변한다. 마지막 배경색으로 저자는 주인공을 빛나는 태양의 아이로 만들었다.

공개 수업을 진행하며 경이로운 장면을 만났다. 주제를 탐색하는 과정에서 제일 마지막 장면을 화면에 띄웠다. 그리고 작가가 왜 주인공 혼자 빗속을 뛰어가는 모습으로 표현했는지, 작가의 의도가 무엇일지 아이들에게 물었다. '비를 맞는 일 정도는 별일 아닌 일로 받아들이라고요' '이 정도는 할 만하다' '어려운 일을 이까짓 거 하면서 이겨내라는 말 같아요' 등 수업 내용을 바탕으로 답하는 아이들 사이에서 한 아이가 아주 작은 목소리로 '혼자서 가야 한다는 말 같아요' 한다. 오호, 내가 기다리던 대답이다. 순간 내 마음이 확 펴졌다. '됐다'라는 생각이 들었다. 내 삶에 닥치는 힘겨운 상황은 혼자 이겨내야 한다는 걸 난 이 책으로 강조하고 싶었다. 한 장을 더 넘겨보라. 학원 수업이 끝난 준호도 혼자 빗속을 뚫고 달린다.

어쩌면 난 조카에게 이 책을 선물하며 지독한 말을 건넸는지 모른다. 질병의 아픔과 고통은 결국 너 혼자 겪어야 하고, 버텨내는 것도 혼자 해야 한다고. 하지만 그건 저자의 말이기도 하다. 쓴 약을 달게 감싼 당의정처럼 '이까짓 거!'란 주문을 주고 말이다.

살다 보면 '이까짓 거!' 주문이 필요한 순간이 있다. 만병통치약처럼 다 들어맞을 수는 없지만 나에게 용기가 필요한 순간이라면 주문을 외워보자. 이 주문은 내 안에 있는 힘을 불러내는 효험이 있다. 내 안의 힘은 결코 작지 않다. 내면의 힘을 기억하고 믿으며 나아가면 눈앞의 장벽은 스스로 낮아질 것이다. 용기 내어 마주 보고, '이까짓 거' 하면서 첫발을 떼어보자. 넘어지면 어떤가, 다시 일어나면 그만이지.

『이까짓 거!』

(박현주 지음, 이야기꽃)

살다 보면 '이까짓 거!' 주문이 필요한 순간이 있다. 이 주문은 내 안에 있는 힘을 불러내는 효험이 있다. 내 안의 힘은 결코 작지 않다. 내면의 힘을 기억하고 믿으며 나아가면 눈앞의 장벽은 스스로 낮아질 것이다.

수술이 끝나고 조카에게 전화했다. 조카는 "수술과 회복 사이에 통증이 있다는 걸 잊었네"라는 말로 얼마나 아픈지를 대신했고, 난 조카의 유머에 웃음이 빵 터졌다. 긍정성 넘치는 조카는 경과가 좋았다. 수술 후 항암도 방사선 치료도 필요 없다고 한다. 와우!

나를 알아주는 한 사람을 만나면 돼!

『이제 떠나야겠어』를 받아 들고 첫 장면에서 그대로 멈췄다. 초임지에서 밤마다 고민하던 내 모습이 떠올랐다. '떠나야겠어'를 주문처럼 외우던 날들이었다. '이제 떠나야겠어.' '아냐.' '떠난다고 뭐….' '그래도 떠나야겠어.' 주인공이 새벽이 오도록 고민하는 장면은 그대로 나를 과거로 데려갔다. 이 고민은 두어 번 한다고 끝나지 않는다. 여러 날 밤을 새우며 고민하다 내리는 결정이다.

초임지에서 경험 부족으로 실수 연발의 시간을 보냈으나 돌이켜보면 행복했다. 선배들이 보기에는 철부지 교사로 보였을 테고, 아이들에게는 언니나 누나로 보였을 것이다. 시골의 6학급 소규모 학교였다. 좀 실수해도 허허 웃어주며 받아주던 선배들이 있어 마음 놓고 아이들이랑 하고 싶은 걸 하며 놀았다.

여름이면 아이들 몰고 학교 앞 역내로 물장구치러 나가고, 가을이면 갈대의 말을 듣는다고 나갔다. 수학 경시 아이들을 지도하며 주말에도 등교하여 아이들이랑 수학 문제를 풀었다. 밤에는 교실의 전깃불이 아까워 동네 아이들 불러 함께 공부하기도 하고, 매년 동시로 학급 문집을 만들기도 했다. 기름종이에 철필로 긁어 롤러로 학습지를 인쇄하고, 타자기로 공문을 작성하고, 시집을 만들었다. 복사기가 들어오면서 편리한 세상을 만났다. 지도하던 학생이 도 단위 수학 경시대회까지 나가 수상하는 행운을 얻기도 했고, 중학교 입학할 때 반 배치 고사로 장학금을 받기도 했다. 하지만 늘 이런 재미난 일만 있었던 건 아니다.

발령 첫해 분노가 조절되지 않았던 아이는 다복한 가정의 한 여자아이를 유독 괴롭혔다. 시비 걸고 한두 대 때리는 정도가 아니라 엎어놓고 밟았다. 왜 그럴까? 알아보니 그 아이의 가정은 위태위태했다. 가족은 많았으나 아이를 인정해주는 분은 할머니 딱 한 분이셨다. 그걸 알고 난 뒤에는 아이가 흥분 상태가 되면 혼내기보다는 폭력을 행사하지 못하도록 꼭 안았다. 내 몸으로 전달되던 그 아이의 심장 박동은 처음에는 걷잡을 수 없이 요동치다가 시간이 지나며 잦아들었다. 그런 순간에 끌어안았던 손을 풀어주면 아이는 괜찮아졌다. 이런 순간이 한두 번이 아니었다. 요즘 이렇게 했다면 난 아동학대에 성추행범으로 신고당할 것이다.

운동회가 끝난 가을날, 영화 한 편 찍었다. 녀석이 또 흥분했다. 매번 쩔쩔매는 내가 안쓰러웠는지 한 여자아이가 그 아이에게 바른말을 하며 내 편을 들자 아이의 흥분은 걷잡을 수 없이 커졌다. 책상과 의자는 녀석의 발길질 한 번에 홍해 바다처럼 갈라졌다. 요란한 소리에 선배님 한 분이 달려와 날 교무실로 보내고, 아이들을 진정시켰다. 교무실에 있던 난 나대로 흥분 상태였다. '교사 아니면 할 일이 없는가?' '이러고도 내가 선생을 할 수 있을까?' '당장 그만둔다면 어떤 문제가 생기지?' 혼자 이런저런 생각을 하다가 가방을 주섬주섬 쌌다.

교감 선생님에게 "낮술 먹어야겠습니다"라고 치기 어린 한마디 던지고 운동장을 가로질러 나오는데 교실 쪽에서 시끄러운 소리가 났다. 스스로에게 고개 돌리지 말라고 말하며 못 들은 척 걸어 나갔다. 버스 정류장을 향해 가는데 "선생님!" 하는 소리가 들렸다. 돌아보니 아이들이 맨발로 뒤쫓아 오고 있었다. 그렇다고 아이들에게 붙잡혀 다시 들어가면 안 될 것 같아, 학교로 들어가라고 일러둔 뒤 시내에 갔다. 혼자 카페에서 칵테일 한 잔 주문하고 곰곰이 생각했다. 교직을 그만둬도 문제가 될 건 없었다. 몇 시간 동안 이리저리 생각하다 일어났다. 당시 난 언니 집에 살고 있었다.

집에 다 와 가는데 언니가 음료수를 여러 병 사 들고 가며 '큰 손님'이 왔다고 했다. 무슨 손님인가 싶어 들어가니 거실 바닥에 우리 반 아이들이 빼곡히 앉아 있었다. 맨발로 운동장을 가로질러 뒤쫓아 오던 아이들이 이번에는 무릎을 꿇고 있다. 내가 뭐라고…. 얼른 아이들에게 편하게 앉으라고 했다.

다음 날 출근하며 교무실로 가 고개 깊숙이 숙이고 "죄송합니다!" 한마디로 상황을 정리했다. 녀석에게 발목 잡히고 교직에 주저앉아 오늘에 이르렀다. 가끔 그때의 일들이 떠오른다. 그 아이들도 50대가 되었다. 모두 잘 지내고 있는지.

그럼에도 초임지 근무하던 시절 내내 밤마다 도망치고 싶었다. 어디론가 떠나고 싶었다. 대학 졸업 전에 어머니마저 돌아가시면서 언니 집에 얹혀살고 있었는데, 부모님 아닌 누군가를 의지하며 산다는 것이 낯설었다. 또 사회인으로 살아가는 게 어설펐다. 특히 교사로 당혹스러운 상황을 마주할 때마다 막막했다. 내 자리가 아닌 것 같아 밤새 이리저리 뒤척이다 아침에 일어나면 습관처럼 학교로 향했다. 만약 그때 학교를 떠났다면 어땠을까? 이렇게든 저렇게든 잘 살았을 것이다. 다만 내게 '제자'라는 그 뜨거운 열매는 없을 것이다. 요즘 제일 편하게 전화하는 제자가 바로 초임지에서 만난 제자들이다. 이제는 그들과 함께 늙어가고 있다.

『이제 떠나야겠어』는 총 6장으로, 서사가 긴 그래픽노블이다. 주인공 생쥐는 살던 곳을 떠나 뗏목에 천막을 친 게 다인 허술한 배를 타고 장대 하나를 의지해 강물에 올랐다. 물론 목적지가 어딘지, 얼마나 걸릴지 알 수 없다. 게다가 배를 타 본 적도, 배를 몰아본 적도 없다. 단지 가다 보면 새로운 세상을 만나게 될지 모른다는 실낱같은 희망이 있을 뿐이다. 생쥐와 함께 여행을 떠나는 독자는 시작부터 불안하다. 왜 떠나야 하는데?

강물을 따라 흘러가며 생쥐는 여러 동물을 만난다. 생쥐는 만나는 이들과 좋은 관계를 맺으며 자기의 것을 나눈다. 나눔은 원래 따뜻하고 흐뭇한 법인데 생쥐의 나눔은 독자에게 불안감을 안긴다. 목수라면서 다람쥐에게 자신의 톱을 주고, 심심할 때 읽는다고 챙긴 책은 여우에게 주고, 밤이 무서운 거미에게는 등을 주고, 개구리에게는 천막으로 골대를 만들어 주고, 비버에게는 배가 멈추고 나갈 때 쓰던 장대를 준다. 상대에게 도움이 될 만한 것들을 하나씩 나눠주다 보니 마지막에는 뗏목만 남는다. 독자는 '이렇게 다 주면 너는 어떻게 살려고?'라는 의문을 갖게 된다. 혹시 자신의 삶을 차곡차곡 정리하는 건 아닐까? 이쯤에 이르면 독자는 "너 왜 이러는데?" 묻지 않을 수 없다.

정든 곳을 떠날 때, 축하를 받으며 당당하게 떠나는 '낮의 떠남'이 있는가 하면, 떠남을 차마 알릴 수 없는 '밤의 떠남'이 있다. 야반도주, 이는 삶의 모든 기반이 무너져 어떻게 해볼 수 있는 희망이 사라진 상태에서 선택할 수밖에 없는 밤의 떠남이다. 생쥐에게 어떤 시련이 있었던 것일까? 떠날 수밖에 없었던 까닭은 무엇일까? 주저앉기로 선택한 나에게는 주저앉아도 될 많은 것이 있었다.

부족한 나도 괜찮다고 하는 아이들이 있었고 초짜 선생의 어설픈 객기는 눈감아 줄 수 있다는 넉넉한 선배들이 있었다. 그리고 '괜찮은' 선생이 되고 싶었던 나의 목표는 날개 한번 제대로 펴지 못한 상태였다. 무너져 주저앉을 곳도 여기지만 다시 일어나 도전해볼 곳도 여기였다. 무엇보다 녀석에게 떠나지 않고 지켜봐주는 한 사람이 있다는 걸 보여주고 싶은 오기도 생겼다. 나는 다시 선생으로, 언니로, 누나로 아이들 옆을 지켰다.

생쥐는 '떠남'이 어쩔 수 없는 상황에 떠밀려 일어난 일이라고 생각했다. 한꺼번에 모든 걸 잃어 깊은 좌절로 자신을 추스를 수 없었다. 남은 몇 가지를 챙겨 희망도 없이 떠났다. 희망을 품는 것은 그래도 삶에 대한 의욕이 남아 있을 때다. 생쥐는 떠돌다보면 붙잡고 이어갈 삶의 어떤 끈이 있을지 모른다는 심정으로 강물에 올랐다. 그런데 강물길에 만나는 친구들은 생쥐에게 네가 '선택'한 것이라고 말한다.

생쥐는 '선택'했다는 말을 받아들이지 못했다. 등 떠밀려 떠났을 뿐이라고 생각했다. 환경이 그렇게 만들었다고 탓했다. 그런데 비버는 "집을 다시 지을 수도 있었어. 그렇지만 떠나기로 마음먹었잖아"라고 말한다. 비버는 곧바로 "네가 그런 결정을 내렸다면 집보다 더 소중한 무언가를 찾으려는 거야"라며 모험의 방향을 제시한다. 생쥐는 비버의 말에 더 이상 아니라고 말하지 못한다. 그리고 그제야 조용히 자신을 대면한다.

생쥐의 '떠남'은 새로운 풍경을 보기 위한 게 아니다. 새로운 관계를 맺기 위한 것도 아니다. 자신에게 질문을 던지고 자기와 대화하기 위한 것이었다. 생쥐는 비버 덕분에 비로소 자신을 만난다. 푸른 숲을 떠난 진짜 이유가 무엇이었는지 묻는다. 자기가 어떤 존재인지도 묻는다. 그리고 자기 정체성의 한 가지가 목수라는 걸 복원하자 목소리에 힘이 오른다.

생쥐에게는 과업이 더 있었다. 원래 고난은 끝이라는 게 없다. 삶은 '이제는 잘 살 것 같다'고 생각하는 순간에 가장 큰 파도를 때린다. 생쥐가 마주한 죽음의 공포는 폭포에서 떨어지며 뗏목이 산산조각이 되고 생전 처음 물에 빠졌을 때 다가왔다. 식은땀을 흘리며 온 힘을 주어 나뭇조각을 잡고 있는데, 강물은 너 자신을 믿고 나뭇조각을 놓으라고 한다. 이 절체절명의 순간에 생쥐는 나뭇조각을 놓아버리는 최고의 '선택'을 한다.

마지막 과업은 '놓아버림'이다. 생쥐는 자신이 의지하고 있던 나뭇조각만 놓아버린 게 아니었다. 그동안 마음을 아프게 하고 간절했던 불타 버린 집에 대한 애착까지도 놓아버렸다. 이 놓아버림은 생쥐를 강물 아래로 떨어지게 하고, 다시 떠오를 수 있게 했다. 그리고 '나'를 찾게 했다. 그 누구도 아닌 생쥐 자신을 찾은 것이다.

자신 있게 살아오다가 모든 게 무너져 내리는 재난을 겪으니 그동안 살아온 삶이 어디서부터 잘못되었는지 돌아보는 계기가 되었다. 재난은 처음부터 단추를 잘못 채우며 만나는 일일 수도 있지만, 나의 행동과 전혀 관련 없이 내 삶에 나타나기도 한다. 생쥐는 뿌리째 뽑힌 재난 앞에서 내가 누구인지 설명할 수 없게 된다. 그동안 누군가에게 해를 끼치거나 잘못한 거 없이 잘 살았는데 왜 이런 재난을 겪어야 하지? 왜? 수없이 반복되는 질문에 내가 누구인지 자신도 설명할 수 없게 된 것이다.

만나는 동물마다 생쥐에게 "넌 누구니?"라는 질문을 한다. 생쥐는 매번 "나는 푸른 숲에서 왔어. 강을 따라 쭉 가다가 서쪽 강기슭 위로 조금 더 올라가면 있어. 곰이 사는 동굴에서 백 발짝 떨어져 있는 늙은 포플러 아래 집을 지었어. 그러니까…."라고 말한다. 누구인지를 묻는데 어디에서 왔는지를 말하던 생쥐는 그것이 '나'는 아니라는 것을 깨달으며 다음 말을 생략한다. '난 누구인가?'

'나는 누구인가?'라는 질문을 내게도 해보자. 이름은 이태숙이고, 퇴직을 앞둔 나이 많은 여성이다. 누군가의 딸이고, 누군가의 엄마이며, 대한민국 국민이고 교사다. 나에게는 이런 이력서에 들어갈 만한, 나를 표현하는 말들이 있지만, 그것이 정말 '나'인가? 남들에게 이미 드러난 '나' 말고 마음속 깊이 숨겨두고 억누르고 있는 '나'는 없는가? 인정받고 싶은 나, 자유로운 나, 게으른 나, 욕심 많은 나, 당당하고 싶은 나, 등등.

겉으로 드러나는 '나'는 상대도 이미 안다. '너 누구니?'는 보다 철학적인 질문이다. 처음 만난 이로부터 이 질문을 받는다면 쉽게 말할 사람은 없다. 주인공 생쥐만이 대답을 명확하게 못 한 게 아니라 누구라도 자신을 한마디로 정의할 수 없다. 말을 제대로 마무리하지 못하는 생쥐를 누구도 이상하게 바라보지 않는 이유다. 대답 못한 내가 이상한 것이 아니라, 내 안에는 정말 다양한 내가 있으니 그 나를 찾아보고 알아보라는 의미다.

왜 나를 찾는 게 중요할까. 내가 누군지, 어떤 사람인지, 무엇을 잘하고 무엇을 싫어하는지 알아야 그것을 바탕으로 다시 시작할 수 있다. 생쥐는 자신이 소중하다고 생각하는 걸 모두 잃었다. 부서지고 불타고 남은 것마저 남들에게 내어줌으로써 빈털터리가 됐다. 그럼 끝인가? 아니다. 제일 중요하고 소중한 '나' 자신이 있다. 나는 어떤 존재인가, 내 삶의 의미는 무엇인가 생각하면 '소중한 나'라는 자각이 생기면서 삶의 의욕을 찾을 수 있다. 생쥐는 자신의 이야기를 보여주며 독자에게 무엇보다 소중한 건 '나 자신'을 회복하는 것이라고 한다.

한 발 더 나가 보자. 생쥐가 서둘러 떠났던 것은 '실패자'라는 낙인이 두려워서가 아니었을까. 생쥐는 애지중지 지었던 집이 한순간에 무너지자 자신을 목수라고 내세울 수 없었다. 그래서 제일 먼저 톱을 다람쥐에게 넘겨줬다. 이 '넘겨줌'은 자기의 삶에서 제거하고 포기함을 의미한다. 자랑스러웠던 삶의 터전은 자부심이 가득한 세상이었다. 그런데 하룻밤 사이에 의지처가 불타고 자존심이 상해 남들이 알아볼까 두려웠던 건 아닐까. 그럴 때 가장 손쉬운 선택은 나를 모르는 사람들 틈으로 떠나는 것이다. 생쥐가 한 것처럼. 작가는 자신의 실패를 남 앞에 드러내지 못하는 생쥐를 내세워 우리의 취약한 부분을 꺼내 보라고 말하고 있는지도 모른다.

6학년 12개 학급의 학년부장을 할 때 내가 그랬다. 내심 '괜찮은 교사'라는 자부심이 있었는데 1년 내내 사방이 벽이었다. 그 학년은 기존의 어느 선생님도 선택하지 않은 기피 학년으로 유명했는데 하루하루 사건 사고가 이어졌다. 우리 반뿐 아니라 다른 반의 학부모와 상담하고 중학교까지 아이들 일로 찾아가 상담하는데 그때의 심정은 도망가고 싶다는 것, 하나뿐이었다. 기분 나쁜 상황에서 그만두면 그동안 괜찮게 살아온 것마저 나쁜 기억으로 변할 것 같아서 이를 악물며 그 시기를 건넜다.

그때 누가 뭐라 하지 않는데 선생님들이 모이는 교과실에 갈 수 없었다. 나를 '무능'하다고 바라볼 것 같아 지레 겁을 먹고 마주할 수 없었다. 복도에 책상 하나 놓고 아이들 과제를 점검하며 교과 시간을 보냈다. 그때를 생각하니 떠나기로 한 생쥐의 심정이 오롯이 내게 다가온다.

'수치심'은 내게 아주 깊고 아린 정서다. 어떤 실패의 경험은 곧바로 수치심으로 이어진다. 수치심이 느껴지면 얼굴을 들 수 없고, 온몸이 확확 달아오르며 작아진다. 이 감정은 쉽게 사라지지 않고 나를 괴롭혔다. 나를 나로 바르게 세울 수 없는 상황으로 만들었다. 마음은 몸을 만든다. 이런 상태가 계속되자 생리가 멈췄다. 혈액 순환이 제대로 되지 않아 양 손가락을 껴 마주 잡았다 풀면 손가락 자국이 지워지지 않고 눌린 채로 있었다. 살이 내리고 사는 게 재미없었다. 출근하는 길이 너무 멀게 느껴지고 아이들을 대하는 게 두려웠다. 아, 어찌 그 시간을 지났을까!

소용돌이에 빠진 비버를 생쥐가 살려준다. 비버는 죽을지도 모른다는 두려움을 너도 겪었느냐고 묻는다. 그 말에 생쥐는 처음으로 자신에게 일어난 일을 말한다. 태풍으로 무서웠던, 무엇인가에 기댈 게 없고 누구도 도와주지 않았던 죽음의 밤과 모든 게 불타고 무너져 내린 것을 확인했을 때의 절망에 대해 말한다. 삶에 지쳐 떠밀려 떠났다고 생각하는 생쥐에게 비버는 '모험'을 떠났다는 다른 관점을 알려 준다. 자기 안에 갇혀 다르게 볼 수 없었던 생쥐는 비버 덕분에 자기의 '선택'을 돌아본다.

마음 깊이 숨어 있는 두려움과 절망과 수치심을 낱낱이 말해도 되는 이가 곁에 있는가? 두려움에 바들바들 떠는 나에게 괜찮으니 계속 말하라며 두꺼운 담요를 덮어주는, 두려움의 바닥과 절망의 바닥까지 보여줘도 되는 누군가가 있는가? 우리에겐 그런 안전지

『이제 떠나야겠어』

(샤를로트 벨리에르 글, 이안 드 아스 그림, 라미파 옮김, 한울림어린이)

생쥐는 자신이 소중하다고 생각하는 걸 모두 잃었다. 부서지고 불타고 남은 것마저 남들에게 내어줌으로써 빈털터리가 됐다. 그럼 끝인가? 아니다. 제일 중요하고 소중한 것이 남아 있다.

대 같은 사람이 필요하다.

나를 알아주는 한 사람, 나를 이해해 주는 한 사람, 밑바닥까지 내보여도 너덜너덜한 상처투성이 마음을 내보여도 따뜻한 눈으로 바라봐주는 그 한 사람이 필요하다. 그 한 사람이 내가 될 수는 없을까. 내 가족이, 내 친구가, 내 동료가 아프다고 말하면, 힘들다고 말하면 따뜻한 눈빛으로 들어주자. 섣부른 해결 방법을 말할 필요는 없다. 선택은 그가 하는 것이다. 올바른 선택을 하도록 응원의 눈빛을 보내자.

그건 내가 받고 싶은 게 아니라고!

어머니 그림책 모임에서 회기가 끝나고 식사 자리가 마련되었다. 이런저런 이야기를 나누다 인상적으로 읽은 책을 말하는데 여러 명이 『핑!』을 꼽았다.

“핑만 보낼 수 있다는 걸 인식하게 된 책이에요.”

“저는 ‘퐁!’으로 후속책이 나왔으면 좋겠어요. 퐁은 어떨까 정말 궁금해요.”

『핑!』을 만나고 아이들과도, 어른들과도 읽을 수 있는 책이라 반가웠다. 아이들은 ‘다른 사람의 마음을 강요할 수 없기에 말할 때 조심해야 한다’고 굳이 훈수하지 않아도 의미를 잘 받아들였다. 어머니들은 남편과 아이들에게서 원하는 반응이 오지 않는다고 화를 냈었는데, 그건 본인의 잘못이었다고 고백했다.

인정받고 싶은 욕구는 누구에게나 있다. 사랑받고 관심받고 인정받고 싶은 마음이 크든 작든 거의 매 순간 작용한다. 알아채지 못하고 순식간에 지나가기도 하고, 만족한 수준이 되기 위해 노력하기도 하고, 노력해도 안 되면 체념해버리기도 한다. 이 욕구를 적절히 해소하는 것이 자존감 형성에 매우 중요하다는 걸 아이들을 보며 경험했다.

어려서부터 이 욕구를 충족하며 자란 아이는 밝고 긍정적이며 누구와도 친숙하게 관계 맺기를 잘했다. 반대로 이 욕구를 해소하지 못한 아이는 관심받고자 조급해하고, 자주 확인하며 불안감을 가지고 있었다. 그럼에도 흡족한 상태가 좌절되는 경험을 반복하면 의욕이 줄어들며 무기력한 상태로 갔다. 40년 가까이 아이들을 지켜본 바로는, 통계 자료를 의지하지 않더라도 이런 아이들이 점점 늘어나고 있는 게 보였다. 매년 신경 쓰며 보듬어야 할 아이가 늘어났다.

너무 바쁜 부모, 외동 자녀, 안정적이지 못한 양육, 다양한 미디어의 등장 등등 다양한 원인이 복합적으로 작용한다. 그 원인을 안다고 모두 적절하게 대응할 수 있는 것은 아니다. 사회의 변화와 기술의 발전은 가치관의 변화로 이어졌다. 자녀보다 내 삶이 소중하다고 생각하는 사람들이 많아졌고, 이는 사회 보편적인 생각으로 받아들여지고 있다.

아기는 어떤가? 그 변화가 유전자에 입력되어 스스로 자랄 수 있도록 태어났는가? 오히려 아기는 태어나 충분한 사랑과 관심을 받고 자라도록 유전자에 입력되어 있다. 이것이 제대로 이뤄지지 않을 때 문제가 생긴다는 건 누구나 예상할 수 있다.

누군가의 인정이 있어야 뭔가 할 수 있는 상태라면 본인은 물론 바라보는 사람도 너무 피곤한 상황이 된다. 나에게도 인정받고자 하는 욕구가 많다. 마음의 상처를 받으며 많은 세월 겉돌았다. 그 상처들은 주로 인정받고 싶은 욕구가 좌절되었을 때 생겼다. 처음에는 이유가 뭔지도 모르고 왜 나만 이런가 생각하며 주눅 든 시간을 보냈다. 지금은 안다. 그건 인정 욕구였다는 것을.

나는 최선을 다했는데 왜 몰라주나, 내가 노력했는데 왜 몰라주나, 내가 더 신경 쓰고 배려했는데 왜 몰라주나, 내가 더 많이 썼는데 왜 몰라주나, 내가 더 잘 알고 있는데 왜 몰라주나, 내가 더 열심히 했는데 왜 몰라주나 등등. '왜 몰라주나'가 자주 등장하며 마음에 분란을 일으켰다. 이 모든 게 다 날 인정해달라는 마음속 고함이었다.

난 '누구나' 관심받고 인정받고 싶은 욕구가 있다는 것을 받아들이고 마음이 편안해졌다. 나만 그런 게 아니라는 인식은 나를 조금 헐겁게 만들었다. 오랜 세월 갖고 있던 '왜 몰라주나'를 '내가 알아주지'로 바꾸며 나를 토닥였다. '고생했네' '알아주지도 않는데 열심히 했네' '새로운 걸 배웠네' 등으로 나를 향해 말하기 시작했다. 그러자 남들이 인정해주는 말이 없어도 툭툭 털고 일어날 수 있었다. 인정해주는 누군가를 찾아 나설 필요가 없었다. 그저 내 앞에 다가오는 일들을 '내 일'이려니 받아들이고, 묵묵히 했다. 일로부터 도망가거나 책임질 일로부터 회피하지도 않았다. 그러자 잘 안 되었을 때는 내 잘못이라는 말도 쉽게 나왔다. 그 과정에 자존감이 상하는 일은 없었다.

야박한 인정을 받았다면 이 일로 상처를 받기보다는 내가 최선을 다했는지 먼저 돌아보는 것이 중요하다. 최선을 다했다면 야박한 평가에 휘둘릴 필요가 없다. 난 좋은 평가를 원하지만, 모든 사람이 같은 마음으로 나를 바라보지는 않는다. 평가를 외부에 맡기기보다 내부에 맡기는 것이 그래서 중요하다.

그렇다고 칭찬이 전혀 효과가 없는 것은 아니다. 남들로부터 칭찬을 받으면 기분이 좋고 잘해야겠다는 각오가 저절로 생긴다. 긍정적 피드백은 전진하는 데 좋은 채찍이 된다. 부정적인 피드백은 조금 더 마음에 머물며 우울하게 한다. 하지만 어느 순간에 보면 긍정적 피드백이나 부정적인 피드백 모두 내가 참고해야 할 사항이었다. 참고 사항으로 알아채고 정리하면 그만이다.

『핑!』은 '관계'를 탁구(pingpong)의 특징으로 설명해 직관적 이해로 이끈 창의성이 돋보이는 작품이다. 탁구는 탁구채라는 도구로 날아온 공을 반대편으로 보내는 게임이다. 보내는 공이 바로 작품에서 말하는 '핑'이다. 핑은 말이 대부분이지만 꼭 음성언어만을 뜻하지는 않는다. 핑은 말을 비롯하여 표정, 손짓, 몸짓, 말투, 말의

빠르기, 웅얼거림, 혼잣말, 글, 그림 등등 모든 의사소통 도구를 말한다. 내 감정을 담아 보내는 모든 것이 '핑'이다.

표지는 빨간 '핑'이다. 핑이 들고 있는 채는 파란색이다. 뒤표지도 탁구하는 핑을 보여준다. 책등의 제목 아래와 위에 있는 작은 그림은 관계의 힌트를 준다. 제목 위는 핑 혼자의 모습인데 아래쪽은 핑이 파란 퐁을 업고 있다. 핑과 퐁은 각각 누구일까? 살아가며 제일 많은 갈등을 일으키는 관계가 아닐까.

면지는 앞과 뒤 모두 같은 그림이다. 한 방향으로 날아가는 탁구공들이다. 공에는 많은 감정이 그려있다. 우리가 전달하는 많은 핑은 결국 우리의 마음과 감정을 담은 것이다. 상대가 보내온 퐁에 의해 핑을 보냈다고 생각하지만, 나는 핑을 '선택'해서 보낸 것이다. 나는 핑만을 어떻게 할 수 있다는 암시적인 그림이다.

핑은 빨간색, 퐁은 파란색으로 그렸고, 들고 있는 라켓의 핑은 파란색, 퐁은 빨간색으로 그려 서로의 상대임을 나타낸다. 퐁은 내가 관계 맺는 모든 사람이 될 수 있다. 첫 문장은 '우리는 핑만 할 수 있어요.'로 시작한다. 핑이 환한 웃음이어도 퐁은 다를 수 있다는 걸 받아들여야 한다고 작가는 말한다. 그동안 우린 웃음을 보내며 상대도 분명 웃음일 거라고 생각하지 않았나! 관계는 거기서부터 삐거덕거렸던 거다. 내가 핑만 보낼 수 있다는 것만큼 중요한 것은 퐁은 친구의 몫이라는 거다. 친구의 퐁이 어떤 식으로 올지는 내가 강요할 수 없다. 오호.

핑은 다양한 방법으로 다양한 대상에게 보낼 수 있지만, 핑을 보낼 때는 온 마음으로 해야 한다고 한다. 그랬음에도 어떤 퐁은 받아들이려면 마음을 가다듬기 위해 휴식이 필요하기도 하고, 오랜 시간 기다려야 하는 것도 있단다. 그림책은 그동안 어설펐던 내 '핑'을 이야기하는 것 같다. 내 마음 같을 거라는, 나를 이해해 줄 거라는 커다란 착각으로 오늘에 이른 것 같다. 그럴 때마다 나와 관계를 맺고 있는 많은 이들은 얼마나 당황스러웠을까?

작가는 핑을 보내는 대상을 사람으로 한정하지 않았다. 우리의 생각, 마음, 꿈을 실천하는 것을 모두 핑으로 보고, 꽃이 핀 꽃밭을 원한다면 꽃을 심는 것부터 실천해야 함을 보여준다. 평화로운 세상, 아름다운 지구를 꿈꾼다면 이를 실현하기 위한 첫걸음을 떼야 한다는 것을 강조한다.

내 마음이 머문 장면은 퐁이 무엇이든 의미가 있어 곰곰이 생각해야 한다는 곳이다. 퐁에 배울 것이 있을지도, 생각할 것이 있을지도, 고마운 것이 있을지도, 도전해야 할 것이 있을지도, 지켜야 할 것이 있을지도 모른다며 이제는 놓아야 할 것이 있을 수도 있으니 살펴보라고 했다. 난 '이제는 놓아야 할 것'에 눈이 멈췄다.

'이제는 놓아야 할 것'이 어디 한두 가지인가. 나에게 가장 버거운 내려놓기는 아들에 대한 욕심이었다. 아들이 학교 다닐 때 학원을 별로 보내지 않았다. 공립학교 교사인 내가 아들을 학원에 보내는 것은 이치에 맞지 않다고 생각했다. 초등학교 다닐 때 내 퇴근 시간에 맞추느라 미술학원과 피아노 학원을 보내고 바이올린을 가르쳤다. 난 음치에 가까운 사람이라 아들만큼은 음악을 즐기는 사람이 되면 좋겠다고 생각했다. 미술학원은 아들이 좋아했고, 시간이 오래 걸려 방과 후에 시간 보내기 좋았다. 공부하는 학원은 중학교 졸업을 앞두고 처음으로 보냈다. 흔하게 다니는 영어 학원 한 번 가지 않은 아들이다. 언어는 어차피 스스로 하지 않으면 방법이 없다는 주의라 남편이 영어 동화책 읽는 것과 듣기를 강조했을 뿐이다.

아들이 하교 후 집에서 보내는 시간이 많으니, 본의 아니게 난 감시자가 되었다. 공부를 얼마나 하는지, 얼마나 딴전을 피우는지 알고 있는 나는 잔소리하지 않으려 무던 애를 썼으나 아들은 내 눈빛, 몸짓으로 모든 걸 알았다. 말만 하지 않았을 뿐이었다. 그 과정에서 아들은 얼마나 불편하고 답답했을까.

아들이 고3이 되면서 학교에서 석식을 먹었다. 저녁 부담이 없어진 나는 그제야 저녁 모임에 마음 편하게 참여할 수 있었다. 그렇게 놓아지지 않던 아들을 그때부터 천천히 놓기 시작했다. 아들의 일이라면 가슴 철렁해서 걱정하는 것은 여전하지만 그래도 내 몸이 아플 정도로 애달파하는 것은 줄어들었다.

지금은 아들에 대해 불안한 감정을 갖기보다는 '믿음'을 갖고 있다. 예전에 부모의 역할이 '믿음'과 '기다림'이라는 것을 미리 알았으면 좀 더 여유롭게 그 시기를 보냈겠지만 다 겪고 나서야 깨달았다. 아들이 어떤 일을 하든, 어떤 어려운 일이 닥치든 스스로 잘 헤쳐 나갈 거라 믿는다.

또 한 장면은 퐁을 받으려면 마음을 가다듬어야 할 경우도 있는데 그 시간이 아주아주 길기도 하다는 곳이다. 글보다 그림이 먼저 말을 걸었다. 왼쪽 바닥의 그림은 핑 옆에 작은 화분 4개가 있는데 오른쪽 바닥에는 그 화분의 식물이 자라 화면 전체를 빼곡하게 덮었다. 기다림의 시간이 그렇게 오래 걸릴 수도 있다는 것이다. 어쩌면 영영 안 올 수도 있다는 의미일 것이다.

관계는 쉽지 않다. 보내는 핑을 무수히 그린 장면으로 돌아가자. 난 핑만 보낼 수 있다. 퐁은 원래 상대의 몫이다. 그럼 난 어떤 핑을 보내야 할까? 앞에서 짚어 보았듯이 핑을 보낼 때 난 '선택'을 할 수 있다. 험악하게 보낼 수도 있지만 한 번 걸러낸 감정으로 보낼 수도 있다. 상대가 강하게 보낸 공을 내가 강하게 보내면 실점하기 쉬운 탁구 경기의 이치와 같다. 똑같은 선택을 하기보다는 '친절'을 선택하면 어떨까. 그림은 아주 많은 핑이 보인다. 하나하나 살펴보면 울고 있거나 불을 내뿜는 핑은 보이지 않는다. 한 번 걸러진 상태로 핑을 보낸 거다. 친절 모드로 핑을 보낸 거다.

사람마다 받고 싶은 퐁이 있다. 상대가 원하는 퐁을 안 보낸다고 관계를 끊을 필요는 없다. 먼저 상대가 원하는 핑을 친절하게 보내주자. 자녀가 하나에서 열까지 마음에 안 들더라도 자녀가 원하는 핑을 보내자. 그것도 아주 친절하게. 처음에는 속에서 열불이 나겠지만 꾹 누르고 자식이 원하는 핑을 친절하고 상냥하게 보내자. 남편의 태도가 마음에 들지 않아도 그렇게 해보란 이야기다. 이런 핑이 먼저 가야 내가 원하는 퐁을 받을 수 있다. 세상에 공짜는 없다.

퐁이 존재할까? 퐁도 사실은 핑이다. 나에게는 상대가 다 퐁이지만, 상대방 스스로는 모두 핑이다. 고로 모두 핑이다. 탁구대에서 게임만 하는 줄 알았는데 인생의 한 수를 배웠다.

그림책 어머니 모임 분들과 만나 이야기 나누는 도중에 『핑!』 이야기가 다시 나왔다. 두 분이 이 책으로 수업을 했다고 한다. 한 분은 미혼모 모임이었고, 한 분은 촉법소년 모임에서라고 했다. 절로 응원의 박수가 나왔다. 방학마다 진행하는 그림책 수업 나눔이 이렇게 퍼져 나간다니 그저 고맙고, 감사하다. 책 선정을 신중하게 해야겠다는 생각이 들었다.

『핑!』

(아니 카스티요 지음, 박소연 옮김, 달리)

핑은 다양한 방법으로 다양한 대상에게 보낼 수 있지만, 핑을 보낼 때는 온 마음으로 해야 한다. 어떤 퐁은 받아들이려면 마음을 가다듬기 위해 휴식이 필요하기도 하고, 오랜 시간 기다려야 하는 것도 있다. 퐁은 원래 상대의 몫이다. 내 마음 같을 거라는, 나를 이해해 줄 거라는 생각은 커다란 착각이 되기도 한다.

생각,
조금은 옆에 밀어놓고 살기

어떻게 시작해야 할지 몰라 방바닥에 드러누웠다. 고민했다기보다 비몽사몽 멍한 시간을 보냈다. 알람 소리에 일어나 부엌으로 나가보니 아들의 흔적이 식탁에 고스란히 있어 치우고 세탁기를 보니 빨래가 그득하다. 빨래를 돌리다 갑자기 든 생각은 '생각에 관한 책을 여러 권 읽었잖아' 였다. 맞다. '생각'에 관한 책을 지금도 숙제처럼 읽고 있다.

연초에 '생각' '마음' '감정'을 내 언어로 정의하고 싶었던 적이 있었다. 그런데 모두 그게 그거 같고 '이것은 이것이다'라고 말할 수 없었다. 지금은 명확하냐고 물으면 자신 있게 말할 수 없다. 하지만, 이 모든 일을 뇌가 하는 일이라는 건 안다. 생각만을 집중적으로 다룬 책으로 읽은 것은 『생각 중독』(닉 트렌턴 지음), 『생각의 배신』(배종빈 지음), 『생각의 연금술』(제임스 알렌의 사상을 하와이 대저택 엮음), 『생각 해방』(폴커 부슈 지음) 등이다.

생각은 사람을 사람답게 하는 중요한 특징이다. 생각으로 인류 문명은 발전을 거듭하며 왔다. 그동안 내가 몸담아 온 교육은 '생각'하게 만드는 활동이었다. 아이들을 가르치며 '생각하라'고 강조하고, 생각을 글로 풀어 쓰는 것 또한 내내 중요시한 교수 내용이다. 그런데 명상을 공부하며 머릿속을 채우고 있는 그 복잡한 생각들에서 벗어나야 한다는 걸 알게 되었다. 생각하고, 생각을 쓰는 것이 익숙한 나에게 생각을 멈추는 일은 그 어떤 일보다 어려웠다.

생각이 위험하다고 하는 것은 한 생각에 깊이 빠지는 것을 의미한다. 어떤 상황을 말하는지 조금 살펴보자.

> 우리의 머릿속에는 다양한 생각들이 스쳐 지나간다. 그중에서 우리의 주의를 끄는 생각은 주로 감정을 동반하는데 특히 우울, 불안, 긴장, 분노와 같은 부정적인 감정들이다. 이러한 생각이 머릿속에 오래 머무를수록 해당 생각과 관계있는 신경망들이 강하게 연결되고, 이와 같은 생각이 더 자주 우리 머릿속에 떠오르게 된다. 그때마다 일어나는 스트레스 반응으로 인해 우리 몸은 다양한 자극에 예민하게 반응하게 된다. (『생각의 배신』)

> 당신이 분노, 걱정, 질투 등 조화롭지 않은 마음 상태에 놓여 있으면서 완벽한 육체적 건강을 기대한다면 불가능한 일을 기대하는 중이다. 왜냐하면 당신은 계속해서 질병의 씨앗을 마음속에 뿌리

고 있기 때문이다. (『생각의 연금술』)

좋지 않은 감정을 동반하는 생각이 계속되면 더 강하게 그 생각을 끌어들이는 효과가 있다. 그 일이 얼마나 우리를 힘들게 하는지 위 인용문은 말하고 있다. 그런 때는 당장 해야 할 일에 몰입하거나 생각을 정리해서 삶을 정돈하라고 한다.

책들을 읽으며 내 뇌를 설득했다. 생각이 모두 사실은 아니라는 것, 생각은 생각을 만들어 사실인 양 둔갑한다는 것을 자각해야 했다. 그래야 끊임없이 이어지는 생각에 "그만!"을 외칠 수 있었다. 지금은 완벽하지 않지만 조절할 수 있다. 생각으로 밤을 지새우는 일이 훨씬 줄어들었다. 걱정스러운 일이나, 자존감 상한 일이 있어도 고민하다가 '이제, 그만. 더 생각하는 건 내일로 미루자'라며 나에게 말을 건다. 100% 성공하는 건 아니지만 며칠씩 나를 들볶는 일은 없어졌다.

생각은 살아가는 데 매우 중요하다. 생각에 몰입하여 문제를 해결하는 사례를 우리는 많이 봐왔다. 또 생각 하나 바꿔서 감정의 흐름을 끊는 것도 수없이 경험했다. 생각을 조절할 수 있는 사람이 행복하게 살아가는 사람이었다. 행복하게 살고 싶다면 일상에서 생각을 정돈하고 긍정적으로 바꿀 줄 알아야 한다.

그림책으로 '생각'을 말하는 책을 만났다. 자연 작가의 『생각』은 앞에서 설명한 생각의 특징을 간단한 서사와 그림으로 이야기한다. 경계해야 할 생각도 직관적으로 보여주며 책은 생각의 균형을 맞춘다. '생각은 무엇인가'라는 질문에 생각은 '이런 것'이라고 말하는 인문학적 정보 그림책이라 할 수 있다.

작가는 사람이라면 누구나 가지고 있는 생각이 '생명'이라서 생각하지 않고는 살 수 없고, 생각이 없으면 살아있는 게 아니라고 전제한다. 생명 활동을 곧 생각 활동으로 보는 것이다. 그 생각들은 발명품을 만들기도 하고, 그림이나 음악으로 표현하기도 하고, 사람을 울게도 웃게도 한다. 생각은 보이지 않고 마음대로 만들 수도 있어서 잘못 생각하면 미움을 만들어 폭력을 행하기도 하고, 전쟁을 일으키기도, 누군가 죽게 하기도 한다. 생각을 포기하면 주저앉기도 하고, 인생을 쓸모없다고 여기기도 한다. 그래서 누구나 가지고 있는 생각이 언제나 옳다고는 할 수 없다.

나는 생각을 어떻게 이용하고 바라보고 있을까? 이 꼭지를 시작할 때 어떻게 쓸지 방향이 정해져 있었다. 그러나 글은 좀처럼 앞으로 나가지 않고 나를 우울감으로 밀어 넣었다. 자꾸 눈물이 나왔다. 나가지 않는 원고를 들여다보며 울고, 산책하러 나가 걸으면서도 눈물이 나왔다.

가장 듣고 싶지 않은 소식은 누군가의 갑작스러운 자살을 알게 되는 일일 것이다. 나와 관계가 있든 없든 그가 마지막에 어떤 생각을 했을지 생각하면 마음 편하게 접할 수 없다. 우리 사회를 뜨겁게 달구었던 한 선생님의 자살 소식은 인터넷만 열면 첫 화면으로 등장하는 많은 기사를 펼쳐보지 않을 수 없게 만들었다. 이어지는 자살 소식에 아침마다 하루를 울면서 시작했고 살아남은 자의 죄책감에서 벗어나기 어려웠다.

작가가 말하는 '잘못된 생각'과 다른 입장으로도 생각해보지 않는 '생각하지 않음'이 정말 문제였을까? 나는 심리학자도, 프로파일러도 아니다. 단지 인생을 60여 년 산 사람인데 그림책으로 몇 쪽 안 되지만 이 책이 쉽지 않았다. 편집된 생각은 편집된 생각을 자꾸 생산해낸다는 걸 경험으로 안다. 생각에 함몰되어 다른 생각을 할 수 없으며 우울감에 깊이 빠졌다. 이런 경험을 몇 차례 하며 생각이 무섭게 커지는 걸 보니 생각이 엄청난 힘을 가지고 있다는 걸 깨달았다. 이런 나 자신이 싫어 생각의 꼬리를 끊으려 노력했다. 우선 내가 살아야 했다.

생각의 좋은 점을 걱정할 필요는 없다. 우리가 걱정하는 것은 파괴적으로 갈 수도 있는 잘못된 생각이다. 이 생각도 처음에는 스치는 작은 생각에서 시작되었다. 감정을 넣어 자꾸 생각을 되풀이하면서 잘못된 생각이 뇌 전체를 지배하게 된 것이다. 작가는 이런 상황을 생각이 길을 잃었으므로 잘 살펴봐야 한다고 말한다.

우리는 감정을 동반하는 생각에 집중해야 한다. 스치듯이 지나가는 생각에 감정이 들러붙으면 다른 입장으로 생각하면서 생각을 바꿔야 한다. 나를 낮아지게 하는 생각을 붙들고 있으면 나를 당당하게 회복시키기 어렵다. 생각을 잘해야 하는 이유는 그 생각들이 나를 만들기 때문이다. 회복탄력성이 좋은 나도, 좌절에 취약한 나도 생각에서 비롯되었음을 기억해야 한다.

생각을 바꿀 때 도움을 받는 것은 '사랑'이다. 내 삶이 나 혼자만의 삶이 아니며 내 주변에는 나를 사랑하고 걱정하는 사람들로 둘러싸여 있다는 자각이다. 가족은 내가 이렇다 이야기를 꺼내기 전에 내 얼굴과 몸짓으로 평소와 다름을 알아챈다. 이건 사랑으로 인연의 끈을 이어오고 있기 때문이다. 허심탄회하게 이야기를 꺼내면 가족은 말없이 들어준다. 찢어진 감정 그대로 '그럴 수도 있지'라며 있는 그대로의 나를 받아준다. 부족하고 허점투성이인 나도 괜찮다고 말하며 은은한 미소를 지어주면 난 구겨진 내 마음을 조금씩 편다. 사랑은 그런 힘이 있다.

이 책은 그림을 좀 유심히 봤으면 좋겠다. 서사를 직관적으로 표현하며 그림이 가지고 있는 감정을 독자에게 전달하려 노력했다. 그림 작가는 특별한 주인공을 내세우지 않았다. 남녀를 바꿔가며 등장시켜 이 이야기는 우리 '모두'의 이야기라고 강조한다. 그림이 어른스럽지만 단순하게 표현되어 어른, 아이 가리지 않고 읽을 수 있다.

아이들에게 읽어주며 생각이 얼마나 중요한지, 생각에 따라 인생이 어떻게 달라지는지 강조했다. 나도 분명 생각이 중요하다는 것을 배우고 익혔다. 하지만 몸으로 체험하여 나의 것이 되기까지 시간이 오래 걸렸다. 내 인생임에도 다른 사람이 어떻게 해주길 기대하고 있었던 것은 아니었을까. 이 책으로 다시 내 인생은 내 생각에서 비롯되며, 내 생각으로 바꿀 수 있다는 자신감을 얻었다. 스치듯이 감정을 가지고 떠오르는 생각은 한번 들어주고 관찰해주고는 나에게 '그럴 수도 있지, 하지만 그렇지 않을 수도 있어' 하면서 너그럽게 바라보도록 이끈다.

이 책이 세상에 나오기까지의 작가 이야기를 보면 목욕탕에서 만난 사람이 모두 같아 보였다고 한다. 모습이 같다면 각각 개인의 다름이나 특징은 어디에서 온 걸까 질문하게 되었고, 그 차이는 '생각에서 비롯된 것은 아닐까'에 이르렀다고 한다. 그러면서 작가는 몸을 관리하는 것처럼 생각도 관리해야 한다고 한다.

뇌과학이 발전하면서 '감정'을 뇌로 풀어내는 연구가 많아졌다. 화가 나면 뇌가 주로 반응하는 부분은 편도체, 전두엽, 해마와 같은 곳이다. 편도체(amygdala)는 감정을 처리하고 인식하는 데 중요한 역할을 하는 곳으로, 화가 나는 상황에서는 편도체가 활성화되어 위협을 인식하고 신체의 스트레스 반응을 유발한다. 전두엽(prefrontal cortex)은 감정 조절과 의사결정에 관여하는데 화가 나는 상황에서는 전두엽이 편도체의 반응을 조절하려고 노력한다. 해마(hippocampus)는 기억과 관련된 부분으로, 화가 나는 상황과 관련된 기억을 저장하고 재구성하는 역할을 한다. 이와 함께 뇌의 다른 부분들도 화가 나는 반응에 영향을 미칠 수 있다. 화는 매우 복잡한 감정으로, 뇌의 여러 부분이 협력하여 이러한 반응을 조절한다.

화난 상황에서 화를 발산하는 데 급급하면 편도체는 더욱 활성화된다. 아주 먼 과거의 선조들에게는 감정이 일어나는 일이 생명 유지 활동과 밀접하게 연결되어 있었다. 그때처럼 편도체는 나를 보호하기 위해 더욱 강하게 작용한다. 이를 이성적으로 통제하며 조절하려는 곳이 전두엽이다. 전두엽은 발달이 천천히 이뤄지는 기관이다. 이성적인 생각을 하도록 하는데 편도체가 활성화되면 전두엽의 활동이 어려워진다. 격한 감정이 발생하면 감정 발산에 몰입하기보다는 '내가 화가 났구나' 하고 알아차려야 한다. 그럼 한 발 떨어져 관찰할 수 있다. 이 상태가 되어야 나의 감정을 조절할 수 있다.

편도체를 안정시키려면 숨을 깊게 들이마시고 천천히 내뱉는 호흡이 도움을 준다. 천천히 수를 세며 느린 호흡으로 나를 관찰할 수만 있다면 자기조절과 생각 조절을 할 수 있는 상태가 된다. 꼭 '명상'이라고 지칭하지 않아도 된다. 숨을 천천히 들이마시고 내쉬면서 나를 관찰하고 감정에 이름 붙일 수 있는 상태에 이르면 감정으로부터 많이 자유로워진다.

나는 그래도 뭔가 미진한 마음이 들 때면 밖으로 나가 나무를 보며 걸었다. 생각이 떠오르면 하고 안 떠오르면 나무와 풀들을 들여

다봤다. 한참을 걷다 보면 복잡한 생각은 많이 가라앉았다. 이런 상태로 가족을 만나 나의 하루를 고백한다. 그때쯤 되면 화가 난 원인에 대해서 다르게 생각을 할 수 있다. 가족이 '네가 잘못했네'라고 말해도 '그렇지!' 하면서 받아들일 여유가 생겼다.

돌이켜보면 감정을 표현할 수 있는 대상이 있다는 것은 중요하다. 억울하고 속상한 사정을 혼자 끙끙거리고 있으면 생각은 생각을 불러와 더 깊이 빠지게 된다. 이해하지 못할 거라고, 내 얘기 들어달라는 것이 민폐라고 생각하지 않아도 된다. 주변을 둘러보면 틀림없이 들어줄 사람이 있을 것이다.

매일 아침 내가 하는 기도는 주변 사람들에게 사랑과 평화를 보내며 그의 마음이 평안하길 비는 것이다. 내 욕심으로 가득 찬 기도가 어느 순간부터 주변 사람들의 평안을 비는 기도로 변하며 내 진심이 그들에게 다가가길 빈다.

"사랑과 평화를 보냅니다, 오늘도 평안하길."

『생각』

(자연 지음, 옐로스톤)

이 책으로 다시 내 인생은 내 생각에서 비롯되며, 내 생각으로 바꿀 수 있다는 자신감을 얻었다. 스치듯이 감정을 가지고 떠오르는 생각은 한번 들어주고 관찰해주고는 나에게 '그럴 수도 있지, 하지만 그렇지 않을 수도 있어' 하면서 너그럽게 바라보도록 이끈다.

나를 위한 거리 두기

옆 테이블에 네 명의 여성이 앉아 있다. 모두 즐거워 보인다. 한 사람이 이야기하면 '와' 웃고 또 누군가 이에 응대한다. 이야기는 끊이지 않고 즐거운 미소는 떠나지 않는다. 어떤 순간은 나도 그들과 함께 있는 것처럼 미소 짓는다. 내가 저렇게 모임에 참여했던 적이 언제였는지 가늠해 본다. 모두 즐겁고 화기애애한 분위기가 신기하다.

언젠가부터 여러 명이 모이는 모임이 부담스러워졌다. 그 모임 중에 누군가는 불편한 감정이 있을지도 모른다는 생각 때문이다. 내 모임은 그랬다. 잘 이어온다고 생각했는데 내가 불편해지는가 하면, 다른 누군가가 불편한 감정을 하소연했다. 겉으로 보기에는 서로 이해하고 잘 맞는다고 생각했음에도 불편한 사람이 있었던 거다. 즐거워 보이고 모두 행복해 보이는 그들의 만남이 '정말 그런가' 들여다보게 된다.

생각해보니 자기주장이 강한 사람이 있으면 불편해지는 사람이 있는 것 같다. 또 오랜 세월 만나 이해해줄 거라는 생각에 좀 삼가야 할 말을 자신도 모르게 해 누군가의 마음에 스크래치를 남기기도 한다. 불편을 주는 그런 사람이 있어도 또 다른 누군가와는 마음이 통하면 모임이 유지된다. 하지만 나이가 들어가면서 불편한 감정을 갖게 하는 사람과 구태여 관계를 이어가야 하는지 의문이 생기면 서로 정리했다. 그래서인지 오랜 세월 즐겁게 만남이 이어지는 분들을 만나면 부럽다. 마음 한구석에서는 불편한 누군가가 없기를 빈다.

몇 개의 모임이 헐렁해졌다. 다 같이 만나는 일이 없어진 모임도 있다. 오랜 시간 만나왔으니 돈독한 점도 있지만 그동안 불편했던 경험도 축적되어 온 것이다. 사람을 쉽게 사귀지 못하는 나는 이런 상황을 어떻게 받아들여야 할지 고민된다. 관계를 예민하게 받아들이는 내게 남편은 "그러지 말아라, 외로워진다. 남들이 볼 때 너도 허물 많은 사람이다"라며 한마디했다. 그동안 나의 관계 맺기를 돌아보고, 개선을 위해 노력할 점을 고민했다.

왜 이렇게 관계가 어려운 걸까? 이유는 많다. 서로 다른 가치관과 성격 때문일 수 있고, 서로에게 기대하는 바가 어긋나기 때문에 힘들 수도 있다. 또 의사소통이 원활하지 않아 오해한 부분이 생길 수도 있다. 부부 사이, 부모와 자녀 사이, 형제 사이, 친구 사이, 직장 동료 사이 등등에 따라 관계가 어려운 이유를 성찰하는 것이 중요하다. 내가 어떤 마음으로 대해왔으며, 그 밑바닥에는 어떤 기대를 품고 있었는지도 살펴보면 그 관계를 어떻게 개선해야 할지 가닥이 잡히기도 한다.

나의 관계 맺기를 살펴보면 불편한 상황이 생겼을 때 과도하게 생각하고 해석하는 경향이 있다. 왜 그런 말을 했을까? 상대를 생각한다면 그런 말을 하지 말아야 하는 것 아닌가? 예전의 대화까지 되짚으며 해석을 덧붙이다 보면 그 관계가 무거워졌다. '그런가 보다' 하면서 넘어갈 수도 있는데 나 혼자의 생각이 덧붙여져 힘든 상태가 되는 것이다. 그리고 한 가지 더, 내 감정을 잘 표현하지 않는다. 상대방이 나도 자신처럼 생각하고 있을 거라 믿게 한 것이다. 그러다 보니 감정의 골이 깊어지며 관계가 힘들어졌다.

날카롭게 선을 긋는 행위는 날 외롭게 만드는 일이다. 살다 보면 내가 살기 위해 어쩔 수 없이 선을 그어야 할 때도 있다. 외롭게 만드는 일이라는 걸 알면서도 단행해야 할 때 무너지는 마음이다. 그럼에도 용기 내 선 긋기를 해야 할 때는 나머지 관계의 선을 살펴보면 좋을 것 같다. 혼자서는 살 수 없다. 내가 맺고 있는 다른 끈들은 더 단단하게 연결하는 지혜가 필요하다.

난 사회적 만남의 형태를 끊기보다는 소수의 만남으로 바꿨다. 그동안 만나온 세월이 아까워 단절을 선택할 수 없었다. 둘이 만나면 서로에게 집중하는 효과가 있다. 마주 앉아 눈을 바라보며 대화를 나누면 상대의 말 뒤에 있는 마음도 전해진다. 이런 만남을 하고 돌아올 때면 따뜻하고 흡족했다. 만나는 사람의 나이는 상관없었다.

우리에게는 쉽게 선을 긋거나 끊을 수 없는 관계가 있다. 부부, 부모와 자녀, 형제 관계는 끊는다는 것이 보통의 용기로는 불가능한 일이다. 얼굴 보는 것이 힘들고, 목소리 듣는 것이 버거울 수 있다. 어떤 말은 비수가 되어 박힐 수도 있다. '이해하라'는 조언은 오히려 관계를 더 힘들게 할 수도 있다. 의사소통하라고 전문가들은 쉽게 말하지만, 대화가 안 되어 시도했다가 오히려 더 큰 상처를 받는다. 그럼 어떻게 해야 할까?

관계는 어린아이들 사이에서도 문제지만, 어른들이라고 능숙하게 해결하는 건 아니다. 인생은 어쩌면 이 관계의 문제를 해결하는 과정인지도 모른다. 상처받지 않고, 서로 응원하고 지지하는 관계는 어떻게 가능한 일일까?

식물을 좋아하는 나는 식물 이야기를 품은 책을 만나면 모르는 척하기 어렵다. 전소영의 『적당한 거리』를 만나고는 '쿵' 하는 느낌을 받았다. 작가는 식물을 이야기하면서 '다름'을 이야기하고, '관계'를 이야기한다.

"네 화분들은 어쩜 그리 싱그러워?"라는 누군가의 말에 작가는 '적당해서' 그렇다고 한다. '적당해서'란 말이 걸린다. 물량적으로, 수량적으로 드러나지 않는 두루뭉술한 낱말로는 뭔가 정답 같은 느낌이 들지 않는다. 작가를 따라가 보면 적당하기가 어렵지만 그 적당한 지점을 익혀야 함을 눈치챌 수 있다. 기르는 식물마다 좋아하는 특성이 달라 똑같이 대할 수 없다는 거다. 어이쿠! 순간적으로 우리 집 베란다의 식물이 생각났다. 식물의 종류는 여러 가지인데 같은 공간, 같은 온도, 같은 햇빛, 같은 날 물 주기다. 이건 공평도 공정도 아니다. 식물의 특징을 완전히 무시한 식물 주인의 편의주의다. 그러니 그 식물의 특성을 알아채는 것이 얼마나 힘든 '적당'인가?

작가는 사랑의 시작이 '다름'을 받아들이는 일에서 출발한다고 한다. 식물 개개의 특성을 알아가고 그 특성에 맞게 손길을 주는 것, 같지 않음을 받아들여 서로 다르게 도와주는 일이 사랑의 시작이라고 한다. 난 사랑한 게 아니었다. 식물의 개성적인 특성을 무시하고 하나로 뭉뚱그려 생각하는 폭군과 다름없었다.

물을 좋아하는지 싫어하는지, 햇볕을 좋아하는지 싫어하는지, 만지는 것을 좋아하는지 싫어하는지 살펴보고 알아가야 한다. 사랑이 지나치지도, 마음이 너무 멀어지지도 말라고 당부하며 가끔은 잘라주고, 분갈이도 해줘야 한단다. 식물 화분 하나 들이고 가꾸는 일은 단순한 일이 아니다. 돈 주고 집으로 데려오는 것으로 내 역할이 끝나는 게 아니고 살아 있는 생명이라 사랑을 줘야 하는데, 그 사랑을 내 마음대로 펼칠 수 없다는 게 중요하다.

사랑은 나에게 맞추는 게 아니라 내가 상대에게 맞추는 행위다.

'내가 바쁘니 이번 주 물주기는 생략해도 기다려줄 수 있지?' '요즘 너무 바빠. 다른 일에 신경 쓸 겨를이 없어.'라는 말을 식물이 알아듣고 기다려주지 않는다. 정신없이 몇 주 지나고 보면 식물은 생의 길에서 벗어나 있다. 식물이 잘 자라길 바라는 사랑에 내 방편은 하나도 통하지 않는다. 오롯이 식물의 편으로 행동해야 한다. '식물집사'는 공연히 나온 말이 아니다.

이 일이 식물에만 통하는 비법일까. 가장 귀한 사람이 누구인지 꼽으라면 대부분 가족을 꼽을 것이다. 그 가족을 내 형편대로 대했는가? 돈 많을 때는 사랑 듬뿍, 없을 때는 냉담. 시간적 여유가 있으면 관심 퐁퐁, 바쁠 때는 눈길 한번 주지 않았는가? 결코 그런 적 없다. 어쩔 수 없이 제대로 챙기지 못했을 때는 더 애절하고, 신경 쓰이고, 불쌍했다.

사랑은 절대 쉽지 않다. 사랑이 쉬웠다면 종교의 탄생은 없었을 것이다. 내가 하고 싶은 대로, 주고 싶은 대로 하는 사랑이 아니다. 다름을 인정해야 하고, 원하는 것을 줘야 하고, 하염없이 대답을 기다려야 하고, 너무 가까이 혹은 너무 멀리 가지 않고, 관심을 쓰며 바라보고 있음을 알려야 한다. 사랑은 아주 예민하여 사소한 것으로 어긋나기 잘하고 삐지기도 잘한다.

슬며시 사랑을 내려놓으려는 순간, 작가는 '사랑은 스스로 성장하도록 돕는 일'이라고 한다. 내가 주도적으로 어떻게 하라고 진두지휘하는 것이 아니라 스스로 성장을 기꺼워하도록 도와주는 일이라고 한다. 필요한 때에 필요한 도움을 주어야 한다는데 그걸 어떻게 아느냐고 묻게 된다. 작가는 그 대답도 설명해놓았다. 돌봐야 할 때와 내버려둬야 할 때를 한 발짝 물러서서 지켜보면 알 수 있다고 한다.

사랑은 '거리'에 있었다. 사람과의 '관계 거리'로 연구 결과를 들먹이지 않아도 설명할 수 있었다. 아무리 사랑하는 관계라도 한 발짝 떨어져 살펴보라는 것이다. 성장하도록 하는 일에는 즉각적 돌봄도 필요하지만 내버려두어 스스로 일어나도록 하는 것도 필요하다고 한다.

사랑하지만 그 사랑으로 힘겨웠던 일을 떠올려보자. 내가 너무 다가갔던 건 아니었을까, 이래라저래라 지나치게 간섭했던 건 아니었을까, 스스로 생각할 시간을 주지도 않고 성급하게 해결하려 조바심 냈던 건 아니었을까. 상대는 준비가 안 되었는데 나 혼자 앞으로 달려간 것은 아니었을까. 모든 게 어설펐다. 그러니 마음 아픈 일이 많았지.

안다는 건 '이해한다'는 의미란다. 우리 집에 있는 식물의 이름을 안다고 그동안 그 식물에 대해 다 아는 것처럼 허세를 부렸다. 모든 식물을 베란다에 집합시켜놓고 정해진 날 물만 주면서 아는 척한 거다. 사람에게는 어땠을까? 이름 안다고 다 아는 척한 건 아니었을까? 정말 이 수준이었다면 큰일이다. 난 '이해'도 어렵다. 상대의 마음을 어느 정도까지 알아야 '이해'한다고 할 수 있을까. 갈등의 많은 부분은 '이해'의 정도에 의해 일어난다. 상대가 원하는 이해의 수준과 나의 이해 수준이 서로 다른 것이다.

아들이 힘들어한 것은 '이해'한다고 달려드는 나의 성격이었다. 때로는 몰라줬으면 하는 것까지 알려 하고, 자식의 일은 모두 알아야 한다는 이상한 생각이 나를 지배하고 있어 아들을 괴롭히고 나를 괴롭혔다. 작가가 말하는 한 발 떨어져 바라보는 지혜, 서두르지 않고 기다려주는 지혜, 필요한 순간 두말없이 거두어주는 지혜가 사랑의 지혜이며 관계의 지혜다.

참 먼 길을 돌아 '적당한 거리'에 도달했다. 책을 읽으며 가끔은 가지를 잘라내야 힘을 모아 단단해진다는 표현을 보면서 고개를 주억거렸다. 전지하는 것이 사람 보기 좋게, 열매 많이 맺으라고 하는 것이지만, 식물은 이런 아픔을 겪으며 뿌리와 줄기가 단단해지고 더 악착같이 환경에 적응하다는 걸 가로수를 통해 목격한다. 강한 나무는 쓰러지지 않기 위해 뿌리를 깊게, 사방으로 뻗으며 땅 아랫부분을 먼저 키우려 노력한다. 하지만 쉽게 쓰러진 나무들의 뿌리는 옆으로 슬쩍 퍼져나가고 위로 자라기에 집중한 나무들이 많다. 어떤 나무가 되길 바라는가? 난 아들이 환경에 굴복하지 않는 강한 사람이면 좋겠다. 비법은 결국 '적당한 거리'다.

관계로 힘든 것은 당연한 일이다. 관계에 힘듦이 없다면 그 사람은 안하무인으로 아무도 가까이하고 싶지 않은 사람이다. 내가 외롭게 지내고 싶지 않다면 관계를 개선하기 위해 노력해야 한다. '적당한 거리'를 나에게 적합하도록 조절해야 한다. '적당한 거리'는 물량적인 거리가 아니다. 수량으로 몇 미터라고 규정할 수 없다. 한 사람과 나와의 거리도 늘 일정하지도 않다. 때론 가깝게, 때론 좀 떨어져서 바라보는 것이 맞다. 한 이불을 덮고 사는 부부 사이도, 부모와 자녀 사이도 마찬가지다. 적당한 햇빛, 적당한 흙, 적당한 물, 적당한 거리가 각각 얼마인지는 모른다. 매일 관찰하고 살펴보며 그 관심에서 사라지지 않으면 알 수 있는 '적당한'이라는 것을 명심해야 한다.

혹시 스마트폰으로 인해 관계가 엉클어지고 있지는 않은가? 나도 SNS나 유튜브 등으로 시선을 빼앗기는 경우가 많다. 누군가와 만남 중인데 '함께 따로'의 상태라면 만남은 의미 없다. 이건 가족 간이라도 마찬가지다. 대화 중 '스마트폰 금지'는 명확하게 지켜져야 한다. 어른이든 아이든 앞의 대상에게 눈을 마주치고 대화 나누는 규칙은 지켜져야 한다. 관계는 나의 노력이 있어야 가능한 일이다.

불쌍한 우리 집 식물들로 돌아가야겠다. 산세베리아, 알로카시아, 고무나무, 올리브나무, 꽃기린, 몬스테라, 레마탄서스(복어꽃), 꽃댕강나무, 대추나무, 페페로미아, 버킨콩고, 벤자민 고무나무, 바나나 크로톤, 드라세나, 파키라, 금전수, 호야, 칼라데아, 홍콩야자, 여인초, 우각 선인장, 연필 선인장, 공작선인장, 가재발 선인장, 립

살리스, 은행목, 싱고니움, 스킨답서스 등등 이렇게 많은 개성을 그동안 어찌 그리 간과하며 살아왔는가?

책의 제일 마지막 장에 이르면 작가가 숨겨놓은 것 같은 헌사가 있다. '나의 무지와 무심함으로 말라 간 식물들에게'. 식물 집사로서의 유능함을 발휘하던 작가에게도 많은 식물을 사라지게 한 경험이 있었다. 이 고백이 참으로 고마웠다. 처음부터 모든 걸 잘할 수 없지만 언젠가는 나도 괜찮은 사람이 될 거라는 믿음이 생겼다.

이제 적당한 거리를 유지하며 살펴볼 것이다. 이름 부르며 미소 지을 것이다. 물을 주며 잘 자란다고 칭찬할 것이다. 문을 활짝 열어 묵은 공기를 바꿔줄 것이다. 새 흙으로 터전을 바꿔줄 것이다. 웃자란 뿌리 잘라내며 '애썼구나' 보듬고, 넓은 화분으로 옮겨주며 큰 소리로 웃을 것이다. 어쩌다 꽃을 발견하면 호들갑스럽게 반길 것이다. 이 일들은 우리 집 식물들이 내게 요구하는 일일 것이다.

『적당한 거리』

(전소영 지음, 달그림)

작가는 사랑의 시작이 '다름'을 받아들이는 일에서 출발한다고 한다. 식물 개개의 특성을 알아가고 그 특성에 맞게 손길을 주는 것, 같지 않음을 받아들여 서로 다르게 도와주는 일이 사랑의 시작이라고 한다.

우리 반 아이들이 내게 요구하는 일일 것이다. 우리 가족이 내게 바라는 일일 것이다. 나를 아는 많은 사람이 내게 원하는 일일 것이다. 난 사랑하느라 참으로 바쁘겠구나.

여름

여름은 지루한 장마와 무더위의 계절이다. 장마는 한 달 정도 많은 비를 퍼붓고, 장마가 지나고 나면 폭염은 열대야로 이어지며 무더위가 기승을 부린다. 사람들은 여름이 빨리 지나가길 바라지만 갈수록 여름은 길어지고 있다.

나무를 비롯한 식물들은 여름을 성실하게 보낸다. 우리와 똑같이 폭풍우를 견디고, 무더위를 견디지만, 그들은 끊임없이 성장한다. 새순을 내어 키운 키를 단단하게 하고, 짙은 초록의 잎으로 양분을 만들며 최선을 다한다. 그러면서 너그러움도 잃지 않는다. 새든, 곤충이든, 사람이든 거부하지 않고 품어준다.

학교 화단의 공작단풍에 하얗게 거미줄이 있다. 거미줄이 하얗게 보인다고? 가까이 다가가 살펴보니 그 안의 단풍잎은 모두 사라졌다. 그렇다면 거미집은 아니다. 이리저리 살펴보니 아주 많은 애벌레가 단풍잎을 먹고 있다. 이런 모습으로 살아가는 게 신기했다. 새들의 눈에 이 하얀 집이 잘 보일 텐데, 하얀 줄로 된 집은 진짜 집처럼 애벌레를 보호할까? 어떤 곤충의 애벌레인지 궁금하기도 하고 새들의 행동도 궁금했다.

사진을 찍어 검색해보니 미국흰불나방이라고 한다. 배추흰나비처럼 한 마리씩 혼자 살아가는 게 아니라 이 곤충은 무리 지어 살다가 흩어져 산다고 했다. 성충이 잎 뒷면에 600~700개의 알을 낳으면 애벌레가 나와 실을 뱉어내 거미줄 같은 집을 만든다고 한다. 잎 하나에 20~30여 마리씩 있었다. 이러니 잎이 순식간에 사라지나 보다. 약을 뿌려 한번에 제거하기보다는 자연 생태계 안에서 해결되면 좋을 것 같은데, 새들이 도와주면 좋겠다.

학교 주변에 새가 많다. 비둘기, 물까치, 참새, 직박구리 등을 자주 본다. 까치와 까마귀도 더러 만난다. 공작단풍은 저 애벌레들이 먹어도 괜찮을 정도로 넉넉하게 잎을 키웠고, 애벌레는 공작단풍이 살아갈 힘을 남기며 잎을 먹었으면 좋겠다. 두 생물은 지금 치열한 여름을 사는 중이다. 그들의 말을 들을 수만 있다면 나만 힘겨워하는 게 아님을 알게 될 것 같다.

여름은 성장의 계절이다. 뜨거운 태양과 한판 씨름해야 하지만 그 태양은 생존에 꼭 필요한 존재다. 이왕이면 나무처럼 당당하게 맞설 일이다. 피부를 검게 그을려도, 땀방울이 흘러 눈을 뜨기 힘들어도, 땀으로 옷이 흠뻑 젖어도 멈출 수는 없다. 이 모든 일을 다 겪어야 여름이 지나간다. 정수리에서 열이 날지도 모른다. 헉헉 숨을 몰아쉴 때 입에서 단내가 날지도 모른다. 그러면 그늘에 앉아 시원한 얼음물을 마시자. 나무는 사람을 위한 공간도 마련해놓았다.

이 글을 쓰고 있는 지금은 여름이다. 방학이지만 매일 평소처럼 교실로 출근한다. 교실 문을 모두 열어놓고 옆에 선풍기 한 대 틀어놓으면 그럭저럭 보낼 수 있다. 생각은 쉽사리 나오지 않는다. 이 문장인가 저 문장인가 쓰고 지우는 일의 반복이지만, 늘 어제보다 오늘의 문장이 나았다. 오늘 쓴 문장보다 분명 내일 쓴 문장이 나을 것이란 기대로 쓰고 지우기를 반복한다. 이 끝날 것 같지 않은 일도 분명 언젠가는 끝이 날 것이다. 그러면 '나의 여름은 무더웠지만 가치 있었다'라고 기억할 것이다.

치열하게 산 여름은 날 성장시킨다.

너의 소중한 사람을 만나게 될 거야, 반드시!

2020년 11월 하순, 코로나19는 다시 기승을 부리기 시작했다. 프랑스는 두 번째 봉쇄령을 내렸다. 전 국민의 활동을 제한한 것이다. 뮐루즈에 있던 아들이 걱정되었다. 한국으로 들어오는 게 어떤지 물었던 아들이다. 1차 봉쇄령에 집 안에서만 생활한 아들은 2차 봉쇄령이 내려지자 1차 때의 생각이 났는지 더 이상 못 견디겠다고 했다. 하지만 학업은 1학기만 수료하면 졸업이다. 한국에 왔다 다시 돌아가 공부를 마칠 것 같지는 않았다. 이왕이면 어렵게 적응하여 공부하니 졸업으로 마무리 지었으면 좋겠다고 남편과 내 생각을 전했다.

어느 날 혼자 있는 것이 안타까워 새벽에 전화를 하니 정신 상태가 안 좋아 전화를 못 받겠다며 얼른 끊었다. 전화가 끊어지자, 남편과 나는 불안해져 별의별 생각이 다 들었다. 남편이 다시 전화를 걸었다. 대화하는 걸 옆에서 들어보니 극도의 불안이 생긴 것 같다.

전화를 바꿔달라고 하고 차분하게 아들과 통화했다.

"엄마가 아침마다 너를 위해 기도하는 거 알고 있지?" 했더니 알고 있다고 했다. "그 기도를 하루이틀 한 게 아니잖아, 넌 안전할 거야!" 단언하고 그동안 아들이 어떻게 생활했는지 하나하나 짚어줬다. 코로나 상황에도 프랑스 현지의 회사에 인턴으로 근무하고 함께 근무하자는 제의까지 받은 일, 대학에서 장학금을 받으면서도 방학이면 혼자 프랑스어를 공부하고 리옹에서 어학 코스를 밟은 일, 대학에 들어가 프랑스어가 능통하지 않아 수업 내용을 녹음해 밤을 새우며 공부한 일, 프랑스어가 익숙해지며 우수 학생으로 선발된 일 등의 성공 경험을 하나하나 짚어줬다. 아들의 목소리는 점차 차분해졌다. 그러더니 "견뎌볼게"라고 했다. 난 "넌 우리에게 소중한 아들이야. 힘들면 언제든 와!"라고 마지막 말을 했다.

전화를 끝내며 난 크게 걱정하지 않았다. 그런 나를 남편은 이상하다는 듯이 바라보며 걱정 안 되느냐고 물었다. 난 아들을 믿는다. 아들은 결단코 약하지 않다. 분명 자신의 내부에 있는 힘을 찾아낼 것이다. 상황이 어떻게 될지 알 수 없어서, 1차처럼 방 안에만 갇혀 있게 될까 봐 미리 걱정하고 있었을 것이다.

자주 통화하며 상황을 보니 대학은 미리 신청하면 등교할 수 있는 상태로 부분 개방했다. 혼자서 방에만 있었다면 어떤 상황이 되었을지 아찔한데, 그나마 다행이다. 아들은 거의 매일 등교하며 졸업작품에 집중했다. 보내준 작품 발표회 사진을 보니 여러 부스에 아들의 작품이 있었다.

나를 이해하고 내 편에서 말해주는 사람이 한 명만 있어도 살아갈 힘이 있다고 나는 믿는다. 그 한 사람의 역할은 상대방을 공감해주고, 내면에 아주 큰 힘이 있다는 걸 알도록 해주는 일이다. 내가 아들에게 한 일이 바로 그 일이다. 최종 선택은 늘 본인이 하는 것이다. 아들은 코로나19 상황에 무사히 학업을 마치고 2021년 7월에 귀국했다.

"와우, 이 그림책 굉장해요!"

선생님들과 진행하는 그림책 모임에서 한 쪽씩 돌아가며 읽고 났는데 질문을 던지기도 전에 한 선생님이 감탄하셨다. 그 말씀을 들으니 책 선정을 잘했다는 안도감이 들고 이 책을 만났을 때가 생각났다.

『바닷가 아틀리에』를 받자마자 읽어보니 마음 치유 영상을 보는 느낌이 들었다. 이해받고, 존중받는 장면들이 아름다웠다. 그리고 나를 이해해주는 누군가를 만났다는 게 부러웠다.

"어떤 점이 인상적인가요?"

"학교에 나가지 않았다면 마음이 아팠다는 이야기 같은데, 있는 그대로 인정하며 마음을 회복시키는 것이 아름다워요."

"심리 치유서 같아요. 하고 싶은 걸 마음껏 발산하도록 하는 게 인상적이에요."

“그림이 너무 아름다워요. 집 안이나 집 밖이나 화가가 그리는 그림까지 모두 예뻐요.”

“저에게도 저런 어른이 있으면 좋겠습니다.”

돌아가며 인상적인 부분을 이야기하는데 벌써 우리가 살펴볼 키워드는 다 나온 것 같다.

이 책은 손녀인 어린 소녀와 할머니의 대화로 구성되었으며, 할머니가 어린 날에 화가로부터 받은 그림이 대화의 물꼬를 튼다. 중심 내용은 할머니가 어린 시절에 만난 화가와의 이야기다.

할머니는 어려서 분명하지 않은 이런저런 이유로 학교를 쉬다 여름방학을 맞이한다. 집에만 있는 아이를 안타깝게 여긴 엄마 친구가 아이를 초대한다. 화가인 엄마 친구는 아이의 과거를 묻지 않는다. 현재의 즐거움과 행복에만 몰두하게 한다. 아이가 좋아하고 재미있게 할 일도 전혀 강요하지 않는다. “따라 해볼래?” 수준으로 호기심을 안겨주는데 사실은 배려 깊은 행동이다. 바다 수영을 나갈 때면 화가는 수영복을 입고 가지만 물에는 들어가지 않는다. 수영복을 입은 이유는 만약의 사태에 대비한 준비였다. 이런 화가라면 아이와의 사이에 일어나는 일을 스치듯 볼 수 없다. 화가의 행동 하나하나에 배려가 깊게 깔려 있다. 독자인 우리는 어떤 방법으로 표나지 않게 배려하는지 찾아야 한다.

일과를 살펴보면 물구나무서기, 음악 틀어놓고 체조하기, 식사

하고 바다 수영하기, 그림 그리기, 외출하기, 저녁 식사하기, 독서하기, 잠자기가 반복되지만 지루할 틈이 없다. 화가 아줌마가 그림을 그릴 때면 아이는 고양이랑 놀거나, 책을 보거나, 낮잠을 자거나, 그림을 그리며 놀거나, 그림 그리는 화가 아줌마를 보며 지낸다. 화가 아줌마는 겉으로 드러나지 않게 아이 아픔을 풀어주는 활동으로 이끄는데, 아이는 그 활동들에서 억압되지 않은 재미와 자유로움을 느낀다.

다른 하나는 '존중'의 관점으로 보는 것이다. 우리가 받는 상처는 '존중받지 못했다'는 마음에서 생길 때가 많다. 화가는 주인공을 어린아이가 아닌 온전한 인격체로 대한다. 예쁘게 차려진 저녁 식탁에 물 잔을 건배하며 아틀리에에 온 걸 축하하고, 떠나기 전날 밤에는 파티로 즐거운 이별식을 한다. 그동안 주인공이 그린 그림을 모두 벽에 전시하고, 함께 장을 봐서 요리하고, 식탁의 장식은 주변에서 가져온 꽃과 조개껍질, 돌멩이로 꾸민다. 이 준비는 화가와 함께 하루 종일 걸렸다. 이 과정에서 주인공이 느꼈을 감정을 생각해 보면 좋겠다.

이별 파티는 건배로 시작됐는데 아이의 건배사는 "이렇게나 많은 그림을 그리고, 그림책도 많이 읽고, 고양이와도 실컷 놀았습니다. 최고의 하루하루를 보냈습니다."였다. 화가의 집에 머무는 내내 하루하루가 '최고의 날'이었다는 아이는 자신을 회복했다. 서두에 말했던 '이런저런' 일은 이제 말할 필요도 없는 '이런저런' 일이 되었다.

해야 할 일이 없어지지 않는 우리는 노는 일을 잘하지 못한다. 놀고 싶어도 놀 새가 없어서일 수도 있지만, 어린 시절부터 공부에 매달리도록 교육된 우리는 노는 법을 모른다. 책의 주인공처럼 원 없이 놀면 정말 큰일 날까? 해야 할 것들을 놓아버리고 해방감을 느낄 시간이 정말 없는 걸까? 아이, 어른 할 것 없이 힘들다고 하니 마음이 짠해진다.

우리는 너무 많은 걸 완벽하게 잘해내기를 바란다. 직장에서도 인정받고, 아이 양육도 잘해 아이와 본인이 함께 빛나길 바란다. 또 관계 맺은 많은 사람에게 인간성 좋은 친밀한 사람이 되길 바란다. 그동안 성공적인 삶을 살았다고 느끼시는지. 난 아니다. 승진을 목표로 한 적이 없으나, 아이들과 학부모들로부터 '괜찮은 선생님'이라는 평을 받고 싶었다. 자식은 나보다 빛나는 존재여야 한다는 압박을 느끼며 양육했다. 직장 일로 만나는 사람들과 밖에서 만나는 사람들로부터 기억에 남는 인상적인 사람이 되고자 했다.

저 높은 이상은 날 '하찮은' 사람으로 만들었다. 어느 것 하나 쉽게 성취되는 일이 아니었다. 시간이 지날수록 상처는 쌓였고, 나에 대한 실망감은 높아졌다. 고개를 깊이 숙이고 남들 뒤에서 그늘처럼 있는 나 자신을 쉽게 발견할 수 있었다.

뒤늦게 찾아온 자각은 '나'로 있어야 기운차게 살 수 있다는 거였다. 남들로부터 좋은 평가를 받고자 하는 욕심을 쳐내기 시작했다.

'괜찮은 선생님'이란 평가를 남들에게 맡기지 않고, 나 자신의 만족감에 기울였다. 자식은 자신의 인생을 사는 것이니 내가 얽매일 필요 없다. 상처받으며 지속한 인연은 끊기보다는 거리 두기를 했다. 내가 나로 있어야 내 삶의 주인공으로 살 수 있었다.

책 속의 주인공이 현재를 벗어나 일주일간 하고 싶은 것만 하면서 보내고 편안해졌다면, 까짓거 못 하겠는가! 한번 해보자. 한번 놀아보자. 다가올 미래를 걱정하지 말고, 어깨를 짓누르는 것을 잠깐만 내려놓고, 걱정이나 근심이 하나도 떠오르지 않을 정도로 놀이에 빠져보자. 다시 현실로 돌아와 답답할 때면 꺼내볼 수 있는 추억이 되도록 놀자.

책에 나오는 많은 부분이 심리 치료에서 널리 활용되는 활동이다. 마음을 표현하는 그림 그리기는 미술치료에서 활용하고, 자연을 가까이하며 느끼는 건 에코테라피의 활동들이다. 또 함께 장을 보고 요리를 하는 활동도 마찬가지다. 빼놓을 수 없는 것은 반려동물인 고양이와의 공감이다. 첫날부터 고양이는 주인공과 함께 잠을 자고 주인공의 공간 안에 필수적으로 등장한다. 이 고양이가 있어 주인공은 집을 떠나왔으면서도 안정감을 얻었다. 반려동물이 주인공에게 중요한 역할을 담당했다는 생각이 들어 첫 장면으로 돌아가보니 역시 할머니 곁에는 개가 있었다.

책의 주제는 치유의 활동이 아니라 나를 건강하게 만들어주는 사람이 곁에 있느냐고 묻는다. 또한 나는 그렇게 누군가의 영혼을 위로할 수 있는 사람이냐고 묻는다.

주변을 둘러보며 내 아픈 상처를 보여주면 아무 말 하지 않고 보듬어줄 사람이 누군지 생각했다. 친구도, 가족도 좋다. 화가 아줌마처럼 물어보지 않고 알아서 풀어내도록 안내해줘도 좋지만, 물어봐줘서 속에 든 이야기를 쏟아내 속이 시원하게 해도 창피하지 않은 사람이면 된다.

나한테 이 역할을 하는 사람은 남편이다. 밖에서는 창피하여 못 하는 밑바닥의 감정까지도 남편에게 말한다. 남편은 다 들어주고 공감해주거나 한마디 쓴 말을 한다. 그 쓴 말은 삼키기 어려우나 나에게 꼭 필요한 말인 걸 안다. 그래서 그 쓴 말도 고맙다. 그런데 남편이 제일 마지막에 자리에서 일어나며 하는 말은 "아, 이 여자에게서 언제 벗어나나!"이다. 웅크려 심란해 있던 난 이 말을 들으면 '하하' 웃으며 현실로 돌아온다.

선생님들의 그림책 공부방에서 마지막 질문은 '난 누구에게 화가와 같은 안전지대 역할을 해야 할까요?'였다. 선생님들은 모두 자기 반의 아이들을 떠올리고 한 아이를 생각하며 안전지대의 역할을 자청했다. 이 책으로 활동하지 않고 '당신 반 아이 중에 나를 제일 힘들게 하는 아이가 누군가요?'라고 물었다면 떠올렸을 그 아이의 안전지대가 되겠다는 것이다. 이렇게 아이들을 바라보는 관점이 바뀌었다.

한 선생님은 '나를 위해 기도해주시는 분들이 많았기에 지금의 내가 있다'라는 말을 들으며 뭉클했다고 했다. 우리는 누군가의 간절한 기도로 오늘에 서 있다. 나를 강건하게 할 소중한 사람이 분명히 주변에 있을 것이다. 그러니 기다리며 주변 사람에게 소중한 사람이 되는 노력을 멈추지 말자. 그러면서 잊지 말아야 할 것은 나는 이미 괜찮은 사람이고, 내 안에는 강력한 힘이 있으며, 언제든 긍정의 마음으로 그 힘을 불러올 수 있다는 것이다.

『바닷가 아틀리에』

(호리카와 리마코 지음, 김숙 옮김, 북뱅크)

한번 해보자. 다가올 미래를 걱정하지 말고, 어깨를 짓누르는 것을 잠깐만 내려놓고, 걱정이나 근심이 하나도 떠오르지 않을 정도로 놀이에 빠져보자. 다시 현실로 돌아와 답답할 때면 꺼내볼 수 있는 추억이 되도록 놀자.

끝이 보이지 않는 어두운 밤이 계속될지라도

2024년 파리올림픽이 시작되기 전에는 올림픽 일정에 대해 알지 못했다. 또 내가 관심을 가지고 지켜보리란 것도 몰랐다. 하루하루 우리 선수들의 메달 소식이 전해지자 자꾸 찾아보게 되었다. 집중해 관전하면서 경기 시간은 선수에게 살 떨리는 시간이고 경기장은 그 경기가 끝나기 전에는 벗어날 수 없는 전쟁터라는 생각이 들었다. 우리나라 선수든 아니든 최선을 다하는 모습이 눈물겨워 응원하지 않을 수 없었다. 경기가 시작되면 오롯이 그 시간과 공간을 선수가 책임져야 한다. 땀으로 옷의 색이 짙어지고, 숨을 헉헉거리다 몰아쉬고, 혼자서 웅얼거리며 자기 자신에게 말하는 모습이 보이면 그가 누구든 최선을 다하라고 응원하게 되었다. 부상으로 몸이 안 좋은 상태인데도 경기에 몸을 던지는 선수를 보면서 올림픽이 과연 무엇인가 생각하게 되었다.

4년마다 열리는 올림픽은 우리에게 존재하는 많은 차별과 혐오와 불협화음을 피부색이나 국가에 상관없이 사랑과 평화로 승화시키는 세계인의 축제다. 각양각색의 사람이 만났는데 어찌 뒷말이 없겠는가? 말 하나 행동 하나가 세계인의 평가를 받는 각축장이 되어 누군가는 경기와 상관없이 인정받고, 또 누군가는 찌푸리는 눈길과 손가락질을 받기도 한다.

치열한 경쟁을 통과하여 올림픽이라는 세계 대회에 출전한 선수가 어찌 쉬운 상대겠는가? 피나는 훈련과 인내의 과정을 거쳐 올림픽에 온 것이다. 예선에서부터 많은 상대를 거쳐 메달권에 진입하는 일은 참으로 대단한 일이 아닐 수 없다. 올림픽 경기장에서 보는 모습이 전부가 아니다. 몇 년씩 이어진 수많은 날을 피와 땀으로 보낸 시간이 있었기에 가능한 일이다. 출전한 한 사람, 한 사람에게 각기 다른 빛나는 서사의 역사가 만들어지는 올림픽이다.

선수들에게 중요한 건 자신의 기량을 발전시키는 것이다. 끊임없는 훈련과 자기 분석이 뒤따라야 하는데 부상이 생기면 모든 일에 차질이 생긴다. 선수들에게 부상은 흔한 일이지만 무시할 수 없는 일이다. 모든 일정을 내려놓고 부상 치료에 집중해야 한다. 선수에게 생기는 부상은 한번 다치면 치료에 많은 시간을 투자해야 하는 뼈와 신경과 근육 관련일 때가 많다. 치료가 진행되는 순간에도 경쟁자들은 훈련에 몰입해 있을 거란 생각에 조급해지는 경우가 많다. 또 잦은 부상은 심리적으로 위축시켜 불안감이 커진다. 그래서 몸 치료와 마음 치료를 병행한다.

아픈 몸으로 올림픽 경기를 치른 선수가 인터뷰에서 섭섭한 마음을 전했다. 선수와 스태프들은 선수의 컨디션 조절에 최선을 다하기 마련이다. 어떤 과정이 있었는지 모르지만, 선수가 바라는 수준의 대응이 아니었나 보다. 마음의 상처와 서러움은 아프다고 하는데 흘려들었을 때 커진다.

2018년 12월 24일 잠을 자다 새벽 1시경에 부정맥이 찾아왔다. 날짜를 기억하는 건 그날이 크리스마스였기 때문이다. 남편과 술을 한잔 마신 후 난 방에 들어가 잤다. 아이들이 만든 그림책 출판 기념회를 준비하느라 피곤한 상태였다. 12월 초에 학교에서 부정맥이 발생해 인근 병원 응급실로 가 진정시키고, 2019년 1월 2일에 시술하기로 예약이 잡혀 있었는데, 며칠 앞두고 또 찾아온 거다.

시술하고 퇴원한 주에 시조부님 제사가 있었다. 혼자 제사 준비를 하고 시어머님은 물론 작은아버님들까지 오셨다. 제사를 모신 뒤 작은아버님께서 우리 부부의 건강은 괜찮냐고 지나가는 말로 물으셨다. 남편은 내가 며칠 전에 부정맥 시술을 받은 사실을 말씀드렸다. 이제 건강을 챙겨야 할 나이라고 위로의 말씀을 해주셨는데, 한 어르신은 말씀이 없으셨다. 난 괜찮다고 말씀드리면서도 끝내 섭섭했다.

치료를 마친 상태였는데도 괜찮냐고 물어주지 않아 섭섭한 마음이 지워지지 않는데, 아픈 몸으로 훈련하거나 경기한다면, 몸이 아파 경기 도중에 포기해야 한다면 그 마음이 어땠을까 생각하니 짐작하기조차 어렵다. 그 마음 안다고 말해도 진심으로 다가갈 것 같지 않다. 그 힘든 순간에 선수들은 자신에게 어떤 말을 건넸을까?

한 사람의 시나 동화를 서로 다른 그림 작가가 그렸다면 그림책은 각기 독립적이다. 그림 작가가 그림으로 풀어놓은 이미지도 말하기 때문이다. 미야자와 겐지의 시에 야마무라 코지가 그림을 그린 『비에도 지지 않고』가 있다. <비에도 지지 않고>는 미야자와 겐지가 병상에서 수첩에 쓴 시로, 출판되면서 많은 사랑을 받았다. 우리나라 그림 작가 곽수진도 같은 시에 그림을 그렸다. 야마무라 코지의 그림이 미야자와 겐지가 살았던 시대의 시골 풍경을 담았다면, 곽수진의 작품은 현대인의 삶을 담았다. 두 작품을 함께 읽으면 색다른 맛이 전해진다. 난 이 책을 시작으로 미야자와 겐지의 작품을 모았다.

무너진 자아를 일으켜 세우는 미야자와 겐지의 『첼로 켜는 고슈』다. 인터넷 서점에서 이 책을 검색하면 여러 권 나온다. 처음에는 동화로 출판되었다가 나중에 그림책으로 출판되었기 때문이다. 난 오승민 그림 작가의 작품을 골랐다. 이 작품은 음악을 매개로 자존감을 회복하는 아름다운 이야기다. 단편 동화로 발표한 작품이라 서사가 긴 편이지만 페이지를 넘길 때마다 그림이 다른 음악을 들려주는 듯하다. 각 동물에게 연주한 곡이 궁금해 애니메이션으로 제작되면 좋겠다는 생각이 들었는데 이미 동명의 애니메이션 영화가 있었다. 단편소설을 보면서 그림으로 이미지를 만들면 그림책이 되고, 이미지에 음악을 넣어 상상하면 영화도 된다.

제목에 드러나는 주인공 고슈는 첼로 연주자이지만 실력이 신통치 않다. 베토벤의 제6번 교향곡 <전원>을 연습하는데, 고슈는 다른 사람의 연주와 어울리지 못한다고 지휘자로부터 잔소리를 듣는 인물이다. 연주회는 열흘 남았는데 자꾸 지적받으니, 고슈는 벌게진 얼굴로 땀을 뻘뻘 흘린다. 다른 연주자들이 휴식을 취하러 나가자, 끝내 눈물을 흘리고는 틀리는 부분을 혼자 연습한다.

> "고슈, 자넨 참 큰일이야. 도대체 연주에 감정이 없어. 화를 내는지 기뻐하는지 표현해야 할 거 아냐. 게다가 다른 악기하고 음도 안 맞고. 자네만 늘 끈 풀린 신발을 '질질' 끌면서 다른 사람 꽁무니를 좇아오는 것 같단 말이야!"

지휘자의 지적은 바닥으로 추락하게 하는 말이다. 연주자로서의 기량은 전혀 없으며 악기마저 부실하다는 말이다. 이 말을 들었을 때 '열심히 해야지!'라는 각오를 할 수 있을까? 나라면 때려치우고 말았을 것이다. 힘을 내라고 한 지적이라기보단 근원을 흔들어놓았기 때문이다. 그런데 고슈는 포기하지 않는다. 휴식 시간에도 연습하고, 집에 와서도 밤새우며 연습한다. 왜?

그림책에선 이유를 짐작할 수 있는 부분이 없다. 애니메이션에서는 대사로 분명하게 설명하지 않으나 짐작할 만한 장면이 나온다. 고슈가 집에서 연습하다가 올려다보는 사진이 있다. 첼로를 연주하는 어른의 사진인데, 그 사진 속 인물이 누구인지는 모르나 나는 아버지일 것 같은 느낌이 들었다. 고슈의 연주는 그 사진 속 인물에게 다가가는 방법이다. 그러니 첼로를 놓을 수 없었던 거다.

자존감이 무너지는 말을 들었어도 계속해야만 하는 목표가 있으면 포기란 없다. 다시 힘을 내서 추스르는 건 자신이다. 고슈는 사진 속 인물처럼 연주해보고 싶거나, 사진 속 인물에게 자신의 자랑스러운 연주를 들려주고 싶은 마음이 간절한 거다. 그래서 기운이 다 빠져나갈 때까지 연습을 계속한다.

마을에서 멀리 떨어진 물방앗간에서 혼자 사는 고슈는 밤늦게 집에 도착해서 시간 가는 줄 모르고 연습한다. 그런데 한밤중에 고양이가 와서 슈만의 <트로이메라이> 연주를 부탁한다. 고슈는 '못한다'라는 지휘자의 꾸지람이 마음에서 지워지지 않은 상태라 고양이를 박대하며 <인도의 호랑이 사냥>을 거칠게 연주한다. 고양이가 다녀간 후 연주를 부탁하는 동물들의 방문이 이어진다.

네 번에 걸쳐 동물들을 만나면서 고슈의 말과 행동이 어떻게 변하는지 살펴봐야 한다. 음을 정확하게 연주하는 것이 다가 아니다. 연주에 어떤 마음을 담아야 하는지 깨닫는 과정이 이 책의 핵심이다. 건방진 고양이에게는 음악으로 공격하고 화풀이했다. 뻐꾸기와의 연주에서는 '뻐꾹'만 연주하는데도 도레미가 정확하게 자리

잡는 느낌을 받는다. 하지만 고슈는 자신이 새 같아진다며 중단하고 뻐꾸기가 다친 채 날아가게 한다. 너구리가 등장했을 때는 함께 연주하며 첼로의 두 번째 줄이 안 좋은 걸 발견하지만 날이 새도록 함께 연주한다. 너구리는 만족하여 인사하고 간다. 마지막 작은 소리로 노크한 동물을 고슈는 들어오라며 환대한다. 어미 들쥐는 그동안 많은 동물이 고슈의 연주를 듣고 아픈 게 나았다고 이야기한다. 고슈는 아픈 새끼 쥐를 첼로에 넣고 달래듯 연주하고, 아픈 게 나아 들쥐들이 돌아갈 때는 빵을 들려 보낸다.

동물들과의 만남은 연주가 어떠해야 하는지 깨닫는 성장의 과정이었다. 연주는 나를 향한 것이 아니라 타인을 향한 것으로, 내 마음을 담아 보내는 편지다. 화로 인해 자기중심적이던 연주는 부족한 자신을 수용하고 다른 이와 나를 맞추면서 생명력을 얻게 된다. 음악이 타인을 향한 배려를 담을 때 스스로 힘을 발휘한다.

난 고슈의 성장 과정을 보면서 내가 어떠해야 하는지를 보았다. 일이 안 될 때 핑계 대려면 늘 핑계는 산더미처럼 많다. 첼로가 형편없다고 인정했다면 고슈가 할 수 있는 일은 별로 없다. 고슈는 끊임없이 연습에 몰두하여 자신의 한계를 넘고자 했다. 뻐꾸기와 연주하지 않았다면 음이 안정되지 않았을 것이다. 너구리와 신나는 연주를 하지 않았다면 첼로의 문제가 두 번째 줄이라는 것을 알아내지 못했을 것이다. 들쥐의 방문이 없었다면 자신의 연주가 다른 이를 위로한다는 걸 깨닫지 못했을 것이다. 기회는 갑자기 운명처럼 다가오는 것이 아니다. 오늘 하루를 후회 없이 살아갈 때 기회는 다져지고 단단해져 내게 다가온다.

그림 작가의 그림에 대해 말하지 않을 수 없다. 시작은 지휘자로부터 고슈의 마음이 상처 입고 깨지는 장면인데 검은색이 주를 이룬다. 나머지 동물들이 찾아오는 장면도 모두 밤이기 때문에 검은색이 많으나 중심 색상이 다르다. 이는 그림 작가가 동물들과 음악의 변화를 색으로 표현했기 때문이다. 고양이에게 화풀이하는 장면은 모두 다섯 바닥인데 차가운 파란색이 중심을 이룬다. 뻐꾸기가 찾아왔을 때는 보라색 톤으로 옅게, 짙게 변화를 준다. 너구리는 노란색 계열, 들쥐는 녹색 계열로 표현한다. 이는 또한 격정의 마음에서 차분한 마음으로 진행된 것을 보여주기도 한다.

주인공의 모습을 표현한 부분도 살펴보면 검은색의 지휘자는 화면 전체를 덮을 듯 크고, 고개 숙인 고슈는 작게 표현했다. 지휘자에게 좋지 못한 평을 받고 밤에 귀가하는 모습은 첼로 가방에 짓눌린 상태로 완전히 땅을 향해 구부러진 모습이다. 그러나 앙코르 공연할 때 고슈는 음악에 완전히 빠져 즐기는 모습이고, 공연을 성공적으로 마치고 집으로 돌아오는 고슈의 모습은 첼로를 메고 있으나 허리가 꼿꼿하게 펴진 상태다.

고슈는 집으로 돌아오며 다친 상태로 보낸 뻐꾸기를 생각하고 미안해한다. 이제 고슈는 듣는 이가 누구든 온 마음을 다해 연주할 것이다.

밤이 아무리 어둡고 깊어도 새날은 다가온다. 수렁처럼 깊고 무거운 날들을 어떻게 견디느냐에 따라 새날은 달라진다. 태양은 우주의 법칙에 따르지만 환하게 마주할 수 있는 것은 나의 준비에 따라 달라진다. 끝이 보이지 않는다고 끝이 없다고 생각하지는 말자. 땅속에서 천적을 피하느라 17년을 견디는 매미도 있지 않은가!

2024년 파리올림픽에서 양궁의 5개 금메달을 모두 우리나라 선수들이 땄다. 경기를 관전하며 느낀 것은 금메달은 정말 쉽지 않다는 거다. 그럼에도 메달을 따는 선수들을 보며 정신력을 감탄하지 않을 수 없었다. 그 정신력의 승리가 메달로 돌아온 것이다.

마지막 남자 개인전 시상식을 마친 김우진 선수와 이우석 선수가 인터뷰 과정에서 보여준 모습에 웃음이 나오기도 하고, 함께 고생한 사람의 끈끈함이 보이기도 했다. 동메달을 딴 이우석 선수

『첼로 켜는 고슈』

(미야자와 겐지 글, 오승민 그림, 박종진 옮김, 여유당)

일이 안 될 때 핑계 대려면 늘 핑계는 산더미처럼 많다. 고슈는 끊임없이 연습에 몰두하여 자신의 한계를 넘고자 했다. 기회는 갑자기 운명처럼 다가오는 것이 아니다. 오늘 하루를 후회 없이 살아갈 때 기회는 다져지고 단단해져 내게 다가온다.

가 김우진 선수의 메달을 보며 "제 동메달도 햇빛에서 보면 금색이에요."라고 하니 김우진 선수는 "색이 중요하냐? 함께 딴 것이 중요하지."라고 답했다. 계속 선수 생활할 거냐는 기자의 질문에 김우진 선수는 "오늘 딴 메달은 과거입니다."라고 대답하며 "내일부터 새로운 목표를 가지고 전쟁하겠습니다."라고 비장하게 말했다. 모든 선수의 입장이 이와 같을 것이다. 오늘을 사는 우리도 그러하다.

나의 만트라

분명 맑은 하늘을 보며 출근했는데 오전 열 시 천둥번개를 동반한 소나기가 내린다. 하늘은 온통 잿빛이다. 소나기는 짧게 지나갈 것이다. 덕분에 습도는 높아지겠지만 무더위는 한풀 잦아들 것이다. 난 지금 교실에 있고, 밖에 내건 빨래도 없어 챙기라고 전화할 일도 없다. 서둘러 어딘가를 가야 할 상황도 아니다. 고로 이 비는 나를 당황하게 하기보다는 시원함을 준다. 하지만 지금 누군가에게는 아주 곤란한 비일 수도 있다.

안전하다고 느끼는 감정은 지극히 일시적이다. 소나기가 아니라 태풍이거나, 건물 안이 아니라 바다라면 나의 안전은 보장할 수 없다. 바다는 아주 많은 얼굴을 가지고 있고, 엄청난 힘을 지녔다. 바다는 계속 출렁이고 멈춤을 모르는 동사다. 사람의 힘으로 바다를 조율하는 것은 불가능하다. 사람이 할 수 있는 일은 몸을 바다에 맡기고 물결을 함께 타는 것이다. 같이 솟아오르고, 같이 고꾸라지는.

인정하고 싶지 않지만 내 발이 육지를 딛고 있어도 삶은 바다 위에 있다. 나무를 베어 집을 짓고, 땅을 일궈 농사를 지어도 우리의 인생은 바다 위의 삶이다. 동쪽으로 가고 싶어도 바람이 세차게 서쪽으로 불 수 있는 곳이 바다고, 멈추고 싶어도 멈출 수 없는 곳이 바다다. 삶은 절대 내 의도대로 흐르지 않는다. 우리는 변화무쌍한 바다 위의 삶을 살고 있다.

로랑스 드빌레드는 『모든 삶은 흐른다』에서 "쉬지 않고 늘 움직이는 바다를 통해 우리는 매일의 인생 여행을 떠올려본다. 바다는 같은 모습인 적이 없다. 그런 바다를 통해 우리는 굴곡 있는 인생이 무조건 나쁜 것도, 좋은 것도 아니라는 걸 다시금 떠올린다. 바다에게 거친 파도와 잔잔한 물결이 일상이고 필요한 것처럼 우리의 삶도 그러하다"라며 삶은 바다와 같고, 바다를 통해 삶의 지혜를 배워야 한다고 했다.

아무리 굴곡 있는 삶이라 하더라도 매번 쉽게 받아들일 수는 없다. 파도가 내동댕이치고, 물속에 깊이 빠졌던 경험이 있더라도, 또 그런 일이 나에게 닥치고 헤쳐 나가야 한다면 두려움은 커진다. 경험해서 쉬울 수도 있지만, 경험했기에 더 두려울 수도 있다. 침을 처음 맞을 때, 맞기 전에 바늘을 보는 것만으로도 무서웠다. 맞아보니 그리 아프지 않고 참을 만했다. 침을 빼는데 살이 함께 들어 올려졌다. 침을 뺄 때 시원한 느낌이 든다고 말하는 사람도 있었지만,

나는 아프고 겁이 났다. 그 후 침은 '아픈 것'으로 저장되었고, 다음에 침을 맞을 때는 하나하나 과정을 미리 생각하며 두려움과 아픔을 크게 키우고 있었다.

결국 경험이 있든 없든 내게 닥친 현실은 받아들일 수밖에 없다. 로랑스 드빌레드는 "만약 지금 삶에서 커다란 빙하가 가로막고 있다면 당신은 성숙해질 수 있는 기회를 만난 것이다. 혹독한 겨울이든 더운 여름이든 마찬가지다."라며 앞에 놓인 어려움은 당당하게 맞서라고 응원을 보낸다. 내 삶이 단단한 흙 위의 삶이 아니라 바다 위의 삶임을 인정한다면 나는 능동적인 사람으로 변해야 할 것이다. 파도, 풍랑, 해일은 모두 바다가 가지고 있는 얼굴이다. 바다가 만든 얼굴이 잔잔한 얼굴만 있는 것이 아님을 기억할 수 있다면, 난 그래도 내 인생의 항해를 조금은 즐길 수 있을 것이다.

가야 할 곳의 좌표를 분명하게 안다면 우리는 어떻게든 그곳을 향해 몸을 틀고 걸음을 옮긴다. 잔잔해 보여도, 가까울 것 같아도, 분명 높은 파도를 만날 것이며 혼을 빼는 마의 구간도 존재할 것이다. 하지만 머리에 각인된 좌표는 끝내 나를 그곳으로 데려다 놓는다. 확실한가?

『모든 삶은 흐른다』를 읽으며 삶을 강물에 비유한 시드니 스미스의 작품 『나는 강물처럼 말해요』가 떠올랐다. 이 작품은 글 작가 조던 스콧의 자전적인 이야기인데, 저자는 어린 시절에 말더듬이로 많은 상처를 가지고 있었다. 아버지는 슬픔에 빠진 아들을 볼 때마다 강가로 데리고 나가 자연을 바라보거나 돌멩이를 던지며 마음을 풀어내게 했다. 그때의 이야기 한 도막이 이 책이다.

아침에 어떻게 일어나는가? 나는 핸드폰의 알람 소리로 일어난다. 충분히 자고 저절로 일어나는 것이 아니라 일어나야 할 마지노선을 정해놓고 그 시간에 기계음의 도움을 받아 일어난다. 잠은 항상 부족하다. 주인공은 아침에 어떻게 일어날까? '낱말들의 소리가 들려요'라고 했다. 생소한 위치에 들어 있는 '낱말'이란 단어로 읽고 있던 나는 긴장했다. 새소리, 자동차 소리, 문 여닫는 소리 같은 사물의 소리가 아니라 낱말들의 소리라니! 분명 낱말 하나하나에 의미를 두고, 말에 민감한 주인공일 것 같다.

> 나는 아침마다
> 목구멍에 달라붙는
> 낱말들의 소리와 함께 깨어나요.

주인공은 자신이 갖고 있는 남과 다른 점을 위의 문장으로 표현했다. 소리는 분명 스쳐 지나가는데 어째서 주인공에게는 달라붙는가? '소나무' 같은 낱말을 한 호흡으로 발음할 수 없어서다. 한 호흡에 발음할 수 없어 초성을 말하다 그만둔다. 말하다 만 그 말들이 입안에 빙빙 돌며 뿌리내린다. 그럴수록 주인공은 말할 수 없다. 학교에서는 그림자처럼 존재한다. 어쩌다 발표해야 하는 일이 생기면 마음 다잡고 준비해도 자신을 향한 많은 눈을 감당하기 힘들고, 말문을 열면 얼굴이 일그러지며 어렵게 나오는 소리에 아이들은 웃는다. 그걸 보는 주인공은 또 말문을 닫는다.

아이들을 가르치며 내 어린 시절을 많이 떠올렸다. 아둔한 내가 어찌 한글을 깨쳤을까? 구구단은 어찌 외웠을까? 그런 내가 어떻게 아이들을 가르치는 교사가 될 수 있었을까? 생각할수록 신기했다. 먹고 사는 일이 바쁜 부모님은 형제 많은 집의 끄트머리 여자애에게 특별하게 신경 쓸 수 없으셨다. 난 뭐 하나 배워 나가는 것이 힘들었다. 저학년 때 구구단을 못 외워 나머지 공부를 한 기억도 있다. 나는 그런 내가 안쓰러웠다. 발표할 때 너무 떨려 목소리가 가늘게 흔들리는 것이 느껴지면 말은 더욱 하기 힘들었다.

주인공 아버지가 아들을 대하는 방식이 참으로 인상적이다. 한적한 강가로 데리고 가 강물을 보게 했다. 발표를 못 하고 엉망진창이 된 아들의 마음을 부드럽게 안아주었다. 그 포옹은 안심하고 눈물 흘리게 한다. 그리고 강물이 어떻게 흐르는지 바라보게 한다. 주인공은 강물이 물거품이 일고, 소용돌이치고, 굽이치다가, 부딪치는, 또 한가로이 흐르는 모습을 보았다. 아버지는 아들에게 "너는 강물처럼 말한다"라고 말한다. 빠른 물살 너머의 더듬거리는 잔잔한 강물이 자신과 닮았음을, 그리고 소용돌이치고 굽이치는 빠른 물살도 같은 강물임을 인정하고 받아들인다. 강물이 빠른 물살만으로 이뤄지지 않았음을 알아채고 자신도 그 강물의 한 부분이라는 걸 깨달은 주인공은 마음이 편안해진다. 자연으로부터 배운 삶의 지혜는 주인공의 태도를 바꿨다.

켜켜이 쌓인 수치심과 낮아진 자존감은 한순간에 나아지지 않는다. 울고 싶을 때나 말하기 싫을 때면 주인공은 "나는 강물처럼 말해요"를 떠올린다. 그러면 차분해져 눈물을 참을 수 있고, 말할 수 있다. "나는 강물처럼 말해요"는 주인공을 위기에서 벗어나게 하는 주문(만트라)이다. 남들과 다른 점을 의식하고 남들과 같아지려고 노력했던 주인공은 자신을 있는 그대로 수용하기 시작했다. 약하고 부족한 나를 인정함으로써 용기를 냈고, 그리하여 성장할 수 있었다.

불안감이 차오를 때 호흡을 가다듬고 만트라를 외우면 마음속 잡음이 가라앉고 긍정적인 상태가 된다. 그럼 천천히 앞으로 나갈 용기가 생긴다. 나는 감정을 안정시키는 만트라를 갖고 있는가? 『내면 소통』의 저자 김주환은 우리나라 양궁 선수들의 멘탈 관리에 참여하며 선수들이 경기에 임할 때 불안한 마음을 안정시키는 만트라로 "침착하고 고요하게, 즐거운 마음으로, 나는 할 수 있다"를 외게 했다고 한다. 이 만트라는 심리를 안정시키고 집중하게 하는 효과가 있다고 한다. 나의 수치심을 가라앉히고, 자존감을 회복할 수 있는 나만의 만트라, 진언을 만들어보자. 용기 내게 하는 힘을 나도 주인공처럼 얻을 수 있을 것이다.

서사는 아름다운 시의 언어로 빚어졌다. 서사를 소리 내어 읽어 보라. 시어도 강물처럼 도도하게 흐른다. 사실을 표현하는 문장임에도 한 문장씩 읽을 때마다 이미지가 떠오른다. 서사는 잔잔한 음악처럼 흐르면서도 주인공의 아픈 마음을 고스란히 독자에게 전한다.

무엇보다 이 책은 그림이 큰 역할을 한다. 시로 된 서사의 울림을 증폭시키는 부드러운 그림이다. 아침에 일어나는 장면, 낱말로 둘러싸인 장면을 나라면 어떻게 표현했을까? 내 상상은 시끄러운 그림이 떠오르는데, 그림 작가는 주인공의 시선을 독자도 따라가게 하면서 차분하게 처리했다. 이는 주인공의 마음 상태를 독자가 공감하도록 만든 장치다. 물을 많이 머금은 수채화로 주인공의 얼굴을 명확하게 그리지 않음으로써 아침을 맞이하는 심리적 무거움과 두려움을 독자에게 전해준다.

또 그림 작가는 주인공의 무거워진 마음, 불안한 마음은 흐릿한 실루엣으로 표현했다. 교실 안 풍경에서 주인공이 불안하지 않을 때 바라보는 모습은 선명하게, 마음이 흔들리고 있을 때는 흐릿하게 표현했다. 이런 그림은 주인공 마음을 확대해서 독자에게 전달해주는 효과가 있다. 마지막으로 인상적인 장면은 강물을 관찰하고 그 관찰한 내용을 머리에 저장하기라도 하는 듯 지긋이 눈감은 장면이다. 펼치는 면을 열기 전의 모습인데 두 눈을 고요히 감고 얼굴은 불그레 물들었다. 귀가 빨갛게 빛나는 걸 보면 석양을 등진 모습으로 느껴지지만, 난 안심하고 만족하는 것 같은 느낌이 든다. 빛은 주인공을 환하게 안아주며 안심시킨다. '난 괜찮아, 난 할 수 있어'라고 자신에게 말을 건네는 것처럼. 이제 주인공은 강물이고, 강물처럼 말하고, 당당한 강물로 흐른다.

나는 아침마다
나를 둘러싼 낱말들의 소리를 들으며 깨어나요.

어제 발표하지 못한 '내가 세상에서 가장 좋아하는 곳'을 발표하는 날 아침, 주인공의 말에 드디어 '목구멍에 달라붙는'이라는 낱말이 빠졌다. 이제 다른 사람 앞에서 입을 꽉 다물고 슬퍼하는 일은 없을 것이다. 목구멍에 달라붙는 말들을 없애는 방법을 알았으니 말이다. 저자는 후기에 '물론 나도 가끔은 아무 걱정 없이 말하고 싶어요. 우아하게, 세련되게, 당신이 유창하다고 느끼는 그런 방식으로요. 그러나 그건 내가 아니에요.'라고 말했다. 자기 자신을 이해하고 사랑하면 부족한 나도 괜찮다. 말이 조금 어눌하고 느리다고 해서 언어를 다루지 못하는 건 아니다. 저자는 아름다운 시를 쓰는 시인이 아닌가!

앞에서 인생은 바다 위에서 펼쳐지는 것과 같다고 했다. 그림책을 보며 강물도 인생과 같음을 알게 되었다. 강물이 모여 흘러가면서 물거품을 일으키고, 굽이치고, 소용돌이치고, 부딪친다. 그리고 그 빠른 물살을 넘어가면 잔잔한 강물이 된다. 그곳의 물결은 부드럽게 일렁이며 반짝거린다. 하지만 그곳을 통과하면 물살은 또 변화를 맞이해야 한다는 걸 안다.

나는 지금 어디에 있을까? 지금 내 삶은 어떤 좌표를 향하여 가고 있을까? 돌아볼 일이다. 흔들리는 물결처럼 두려움이 나를 지배할 때를 대비해 진언을 외워야지. "괜찮아, 난 할 수 있어!" 토닥토닥.

『나는 강물처럼 말해요』

(조던 스콧 글, 시드니 스미스 그림, 김지은 옮김, 책읽는곰)

"나는 강물처럼 말해요"는 주인공을 위기에서 벗어나게 하는 주문이다. 남들과 다른 점을 의식하고 남들과 같아지려고 노력했던 주인공은 자신을 있는 그대로 수용하기 시작했다. 약하고 부족한 나를 인정함으로써 용기를 냈고, 그리하여 성장할 수 있었다.

남들은 행복해 보여? 이만한 나도 괜찮아!

그림책 모임을 진행할 때다. 『이렇게 멋진 날』을 읽고 돌아가며 인상적인 장면을 나누는데 한 후배가 펑펑 눈물을 쏟았다. '이 책의 내용은 즐겁고 신나는데 왜지?' 하는 눈빛으로 후배의 말을 기다렸다.

"저 혼자 비를 맞고 있다고 생각했어요. 이 모임으로 저는 선생님들과 함께 우산을 쓴 기분이 들어요."라고 했다.

후배의 말에 찌르르 통증이 전해졌다. 누군가의 평범한 일상은 행복해 보인다. 혼자 비를 맞는다고 생각하며 얼마나 여러 날을 서성이고 아파했을까. 그동안 쟁여놓았던 눈물이 다 빠져나오길 기다렸다. '기꺼이 함께 쓸게요. 기꺼이 함께 비를 맞을게요.' 난 다짐했다.

2018년, 다른 후배가 이 후배의 힘든 일을 전하며 나보고 한번 만나달라고 했다. 나와 직접적으로 연결된 후배는 아니었으나 퇴근길에 만나 국립중앙박물관을 한 바퀴 돌았다. 한 학부모의, 말도 안 되는 민원에 영혼이 피폐해진 상태였다. 관리자는 학급에서 일어난 일이니 담임이 잘 해결하라는 식으로 말했고, 옆 반 선생님이 부장을 대신할 테니 일단 쉬라고 권해 휴직 2개월을 신청했다고 했다.

이야기를 듣고 난 뒤 내가 효과를 보고 있는 일이 있는데 한번 해보겠느냐며 권했다. 무제 공책을 사서 감정을 다 토해내는 글쓰기를 하는 것이다. 맞춤법, 문단, 문맥 같은 건 하나도 신경 쓰지 않고, 누군가 볼 거라는 염려 없이 머리에 떠오르는 대로 적으라고 했다. 욕이 튀어나오면 욕도 거침없이 쓰라고 했다. 개 같은 세상을 목소리 높여 지껄이듯이 속을 비우라고 했다. 그리고 한 가지 더, 그림책 모임을 만들 테니 함께 하자고 했다.

2017년 8월 1일부터 난 이 '엉망진창 글쓰기'를 지금까지 해오고 있다. 글쓰기 날짜를 기억하는 건 여름방학에 책을 읽다 '애들만 쓰라고 하지 말고 내가 직접 써보자' 마음먹은 날이 8월 첫날이기 때문이다. 처음에는 A4 크기의 대형 공책에 하루 3쪽씩 썼다. 한쪽도 쓰기 어려운데 무슨 3쪽이나? 하지만 펜을 믿고 첫 문장을 시작하면 머리는 계속 생각을 끌어내 3쪽까지 간다. 주제가 살아 있는 잘 쓴 문장이 목적이 아니라 첫 문장만 쓰면 생각이 꼬리를 물고 나와 쭉 나간다. 2학기에 그림책 만들기 프로젝트 수업을 계획 중인데 동기가 필요했다. 그다음 날부터 3쪽 글쓰기가 우선순위를 차지했고 개학하는 날 공책을 아이들에게 보여주며 그림책 한 권씩 만들자고 동기를 강화했다.

2025년 현재는 1쪽 쓰기로 줄어들었으나, 지금까지 8년간 계속 이어오고 있다. 멈출 수 없는 이유는 '엉망진창' 마음을 정돈하는 역할을 이 글쓰기가 대신하기 때문이다. 글쓰기는 나를 성찰하고 분석하고 계획하고 용기를 불어넣어 주는 역할을 게을리한 적이 없다. 격한 감정으로 글을 쓰기 시작했어도 어느 순간이 지나면 마음이 편안해진다. 또한 글쓰기는 내가 빠뜨리고 있는 무언가를 챙기도록 하고, 소홀히 한 일도 다시 돌아보도록 하는 충직한 비서다. 어쩌면 저자가 될 수 있었던 건 이 엉망진창 글쓰기가 있기 때문이었을 것이다.

후배는 하루에 7쪽까지 빽빽하게 글을 써봤다고 했다. 얼마나 감정이 격했으면 그렇게까지 써내려갔을까? 후배는 2학기 시작과 함께 원래 학급의 담임으로 복귀해 아이들을 무사히 진급시켰다. 그 과정에 우리는 2주에 한 번씩 아침 일찍 스터디 카페에서 만나 2시간씩 그림책 수다를 나눴다. 때론 웃고, 때론 울며 서로의 상처를 보듬었다.

『이렇게 멋진 날』은 이수지 작가 특유의 음악성이 생생하게 표현된 작품이다. 앞표지는 비가 내리는 날 파란 우산을 쓴 아이가 장화를 신고 물방울을 튕기며 행복하게 걷는다. 윗부분은 짙고 검은

구름이 가득하다. 쉽게 그칠 비가 아니라는 걸 보여준다. 뒤표지는 맑게 갠 하늘이고, 아이들이 우산을 던지며 행복한 얼굴로 펄쩍 뛰는 모습이다. 이 앞뒤의 표지로 날씨가 어떠하든 모두 '멋진 날'이라는 걸 말한다.

이야기는 면지부터 시작한다. 표지를 넘기면 캄캄한 하늘에 장대비가 내린다. 그림은 비가 내리기 시작한 지 좀 되었다는 걸 알려준다. 속표지는 두 바닥에 걸쳐 나오는데 첫 장면은 두 여자아이의 지루함을 표현했다. 종이 상자에 들어가 창밖을 내다보는 아이와 그림을 그리다 지쳐 엉덩이를 불쑥 올린 아이의 표정은 비 오는 날 실내에서 할 놀이를 모두 해 더 이상 할 놀이가 없어 이젠 뭘 하나 고민에 빠진 순간을 포착한다. 한 장 더 넘기면 남자아이는 편한 의자에 기대 있다가 문득 라디오를 켠다. 옆에 책이 있는 걸 보니 방금까지 책을 읽은 듯하다.

라디오에서 나오는 음악 소리로 한순간에 아이들은 물론 모든 사물이 마법처럼 깨어난다. 음악 에너지에 취한 아이들은 '이 멋진 날'을 새로이 받아들인다. 비는 장애물이 아니고 기꺼이 즐길 수 있는 대상이 된다. 점점 늘어나는 파란색은 시원하고 경쾌하게 만든다. 세 아이는 핑그르르 춤을 추다 그대로 밖으로 향한다. 아이들의 행진에 씩씩한 걸음과 흥겨운 노래가 따른다. 곧바로 그 행진은 집 안에 웅크리고 있던 아이들을 불러내 비 따위가 놀이를 막을 순 없다는 듯, 비도 신나는 놀잇감이라는 듯 흥겹게 논다. 그 사이 빗줄기는 약해진다.

작가는 찌푸리고 우울한 날을 버튼 하나로 바꿨다. 지루함이 지배하는 공간을 파란 음악으로 생기발랄한 공간으로 변화시켰다. 내게 '파란 음악'은 무엇인지 찾아야 한다. 가라앉은 분위기를 바꿔줄, 내 삶에 생기를 불어넣을 '파란 음악'. 잠시 돌아보자, 내가 기분 전환을 위해 하는 행동이 무엇인지. 책에서처럼 음악인지, 음식인지, 잠인지, 쇼핑인지, 그도 아니라면 무조건 뛰쳐나가 자연 속을 걷는 것인지.

사실은 파란 음악보다 중요한 건 '버튼'이다. 현재의 감정을 바꿔야 한다는 '알아챔'이 바로 버튼이다. 처음에는 버튼이 보이지 않는다. 한 감정이 휩싸여 물 먹은 솜처럼 무거워져도 어떻게 해야 할지 몰라 허둥거린다. 파란 음악이 필요한 순간이라는 알아챔, 내가 감정을 바꿀 수 있다는 알아챔이 있어야 버튼을 작동시킬 수 있다.

날씨는 아이들의 힘으로 변화시킬 수 있는 것이 아니다. 비가 내리든, 눈이 내리든, 맑은 날이든, 그저 기상 상태에 따라 흘렀을 뿐이다. 바뀐 건 아이들의 마음이다. 밖에 나가 놀 수 없다는 생각에서 비가 와도 상관없다는 마음으로 변하자 '아주 멋진 날'이 되었다. 우리가 아주 쉽게 바꿀 수 있는 것은 날씨가 아니라 마음이고, 생각이다.

나의 날씨는 감정이다. 감정은 스쳐 지나가는 한순간의 바람이다. 감정이 무엇인지 알고자 700쪽이 넘는 리사 펠드먼 배럿의 『감정은 어떻게 만들어지는가?』를 읽어보라고 권하고 싶지는 않다. 감정은 경험의 누적으로 뇌가 판단하는 것이다. 뇌는 감각기관이 수집한 정보를 종합하고 과거의 경험을 떠올리며 긴밀하게 시냅스를 연결하여 판단한다. 하지만, 이 뇌의 판단은 정확한 게 아니다. 뇌의 판단을 믿고 행동했다가는 많은 감정적 오류에 휩싸이게 된다. 리사 펠드먼 배럿은 이런 오류에 휩싸이지 않도록 "확실성은 다른 설명 가능성을 놓치게 만든다."라고 하며 뇌가 판단한 '확실하다'라는 신념을 내려놓으라고 한다.

난 뭐가 있어야 그 감정에서 탈출할 수 있었나? 누군가와 함께 해야 했나? 그렇지는 않았다. 반추하는 생각에 감정까지 동반되어 불편함이 느껴지면 바로 버튼을 눌러 '파란 음악'을 틀어야 하지만, 난 버튼을 찾지 않고 감정에 머물 때가 많았다. 내게 너무나 많은 자책감은 '내가 잘못한 뭔가 있을지 몰라!'라면서 불편한 감정으로 나를 몰아세웠다. 나를 괴롭히고 나서야 '괜찮아, 괜찮아!'라며 나를 다독이고 다음 행동을 선택할 수 있었다.

다음 행동인 내 '파란 음악'은 힘들게 하는 생각으로부터 도망치는 것이었다. 읽고 싶었던 책을 잡고 몰입하여 생각을 차단하는 거다. 몇 시간 책에 빠졌다 나오면 억누르던 생각이 가벼워진 것 같고 '그럴 수도 있지' 하면서 나에게, 타인에게 조금 너그러워진다. 그게 아니라면 밖으로 나가 걷는다. 나무를 바라보고 바람을 느끼며 걷다 보면 생각이 완전히 나를 떠난 것은 아니지만 어느새 차분해져 있다.

머리가 복잡하고 마음이 무거운 상황에 여러 명이 만나는 모임은 참 어려웠다. 외따로 떨어져 있는 섬 같은 기분이 들고, 표정을 바꿀 줄 모르는 난 무겁게 가라앉아 있는 불편함을 숨길 수가 없었다. 그리고 누구에게도 집중할 수 없었다. 이건 모두에게 불편함을 전파시키는 일인 것 같아 마음이 힘들 때는 혼자만의 시간을 보낸다.

모든 날이 멋진 날이라는 작가의 말을, 난 마음에 새겨야 할 사람이다. 바꿀 수 있음에도 바꾸려 하지 않는 난 태생적으로 취약함을 지니고 있다. 분명 나처럼 쉽게 나를 바꿀 수 없는 사람도 있을 것이다. 그럼에도 '버튼'과 '파란 음악'을 기억하라고 강조하고 싶다. 우울감에 깊이 빠져 있어도 내게 '버튼'과 '파란 음악'이 있다는 걸 기억한다면 다음 행동을 선택하기 쉽다.

비가 내리면 온몸으로 비를 맞으며 자신의 처지를 슬퍼하고, 바람이 불면 하염없이 흔들리며 중심을 잡지 못하고, 눈이 내리면 눈의 무게를 감당하느라 가지가 쩍 갈라지는 소나무처럼 찢어지는 아픔을 겪었던 나와 당신, 그리고 우리. 다른 방법이 있다는 걸 몰라 고개 한번 쳐들지 못했던 아픈 날의 우리들. 토닥토닥, 그러나 이제는 안다. 우산을 받쳐줄 수도 있고, 함께 비를 맞으며 놀 수도 있다는 걸, 이제는 안다. 힘들고 버거운 날들 사이사이에 설핏설핏 웃음 코드가 스며들어 있다는 것도 안다.

아이들과 이 그림책을 읽을 때면 멈추는 장면이 있다. 빗속에서 신나게 놀다가 아이들이 우산을 쓰고 내려오는 장면이다. "이다음 어떤 일이 일어났으면 좋겠니?"라고 물으면 아이들은 늘 정답을 말한다. "먹어요!" 난 이 마무리가 무척 마음에 든다. 아이들은 책을 읽은 게 아니라 책 속의 아이들과 한바탕 놀았다.

2023년 여름방학에 전국의 선생님들이 국회 앞으로 주말마다 모여 교권을 보호해달라고, 교사를 민원으로부터 분리해달라고 목소리 높였다. 아침에 컴퓨터를 열면 알고리즘을 타고 전국 곳곳에서 들려오는 선생님들의 안타까운 죽음은 눈물로 하루를 시작하게 했다. 내가 감사한 마음으로 이어온 교단이 누군가에게는 죽음의 장소였다는 사실에 미안함이 그렇게 클 수가 없었다.

뙤약볕을 아랑곳하지 않고 반듯하게 줄지어 앉아 한목소리로 외치려 국회 앞에 모였을 때 힘없는 교사라는 게 참으로 초라했다. 검은 옷의 물결이 파도처럼 흘러도, 전국 각지에서 자의적으로 참여해도, 기부금과 봉사자로 투명하게 주장해도, 변화는 확연하게 다가오지 않았다.

주말마다 국회 앞에서 모일 때 후배가 만나자고 연락이 왔다. 나야 얼굴 보면 언제나 즐겁다며 나갔는데 후배는 밥을 사러 왔다고 했다. 선생님들의 아픈 사연들을 접하고 나니 그때 어떻게 그 시간을 넘겼는지 생각하게 되었고, 그림책 모임이 떠올랐다며 밥을 샀다. 나 혼자 한 일은 아니지만 맛나게 밥을 먹었다.

사실 난 후배가 무척 고마웠다. 다시 그 학급으로 가 그 아이와 학부모를 마주하라는 것은 사지에 들어가라는 말과 같았다. 그 자리에서 극복해야 트라우마가 생기지 않을 거라는 생각, 그림책 모임을 계속하면서 마음을 풀어내면 힘이 생길 거라는 생각으로 권한 일이다. 후배의 입장으로는 분명 두려운 일이었을 것이다. 그럼에도 후배는 자신은 물론 아이들까지 관리를 잘하며 그 강을 건넜다. 잘 이겨내 준 후배가 고마워서 밥은 내가 더 많이 사야 할 것 같다.

『이렇게 멋진 날』

(리처드 잭슨 글, 이수지 그림·옮김, 비룡소)

아이들과 이 그림책을 읽을 때면 멈추는 장면이 있다. 빗속에서 신나게 놀다가 아이들이 우산을 쓰고 내려오는 장면이다. "이다음 어떤 일이 일어났으면 좋겠니?"라고 물으면 아이들은 늘 정답을 말한다. "먹어요!" 난 이 마무리가 무척 마음에 든다. 아이들은 책을 읽은 게 아니라 책 속의 아이들과 한바탕 놀았다.

기댈 수 있다면

살아오면서 내게 느티나무 같은 사람이 있으면 좋겠다는 생각을 많이 했다. 힘겨운 일이 있을 때 느티나무 그늘에 앉아 바람 맞으며 앉아 있으면 머리가 맑아지고 뒤엉킨 마음이 켜켜이 접어 반듯해지는 것처럼, 그런 사람이 있으면 좋겠다. 그 사람과 이야기하거나 차를 함께 마시는 것만으로도 마음이 편안해지는, 별말 없이도 수많은 말을 한 것 같은, 내 마음의 말들을 오롯이 귀 기울여 들어주는 그런 사람. 하지만 느티나무를 닮은 사람은 좀처럼 만날 수 없었다. 어쩌면 그런 사람이 내겐 이미 없는지도 모른다.

말은 밖으로 나오면 색이 변했다. 색이 변한 말은 내 말이 아니었다. 결국 나는 자꾸 말을 품게 되었다. 말을 품으면서 마음이 무거워졌다. 그리고 가장 보편적인 말만 밖으로 나왔다. 이는 기본적인 의사소통이다. 마음 깊이 박힌 말들은 밖으로 나오질 못했다. 시간이 흐르며 말이 쌓이든 말든 그저 덤덤한 생활로 이어졌다.

2024년 1학기 말에 선생님들이 진행하는 '마음빼기 명상' 연수에 참여했다. 마음빼기 명상은 마음 깊이 박힌 돌을 캐내는 명상이다. 보편적인 말만 하는 나는 빼기할 마음의 말이 별로 없었다. 건져 올려 밖으로 버려야 하는 말들이 분명히 있는데 그 위에 단단한 무언가가 봉인하고 있는지 결코 열리려 하지 않았다. 연수가 끝나고 명상하며 밑바닥의 말들을 생각했다.

나에게 가장 밑바닥의 말은 '엄마'였다. 난 왜 엄마를 가장 아래 묻고 살았을까. 엄마랑 무언가를 한 경험이 떠오르지 않는다. 친구들처럼 엄마를 모시고 단 한 번도 외식한 적이 없고, 여행한 적은 더더욱 없다. 그보다 엄마와 딸로 깊은 대화를 나눈 기억도 없다. 자식들 먹여 살리는 일에 너무나 바쁜 엄마는 자식의 감정까지 다 헤아리기엔 역부족이었다. 사춘기를 험하게 겪다 고등학교 때부터 객지 생활을 시작한 나는 그 생활이 끝나기 전에 느닷없이 엄마의 죽음을 마주했다.

주변 사람들로부터 부모 일로 마음 아픈 이야기를 들을 때면, 난 그 일이 그렇게 절절하게 느껴지지 않았다. 얼마나 마음이 무너지는 일인지 이해하면서도 내 가슴은 일렁이지 않았다. 왜 그런지 이상했는데 이제 알겠다. 나의 가장 밑바닥에 봉인된 말은 '엄마'였기 때문이다.

아들을 세상에 놓을 때 힘들었다. 다른 임산부들은 쉽게 분만실로 가는데 나 혼자 대기실에서 버둥거렸다. 포기해도 되는 일이라면 중간에 포기하고 싶었다. 아침 9시경 시작된 통증이 다음 날 새벽 3시가 넘어 끝났다. 오랜 시간 힘들었던 아들은 뱃속에서 변을 먹어 세상에 나오자마자 황달로 입원했다. 나만 이틀 후 집으로 왔다.

엄마가 보고 싶었다. 간절하게 엄마가 필요했다. 세상 어디에도 없는 엄마가 내 곁에 있으면 좋겠다는 생각이 불쑥불쑥 올라왔다. 내가 이렇게 힘들게 세상에 왔구나, 나는 엄마한테 고맙다는 말 한 번 못했구나. 내 마음 굽이굽이의 말을 엄마한테 하고 싶었다.

얼마 전, 정채봉의 시 <엄마가 휴가를 나온다면>을 읽다 '숨겨놓은 세상사 중 딱 한 가지 억울했던 그 일을 일러바치고 엉엉 울겠다'라는 구절을 보고 그야말로 엉엉 울었다. 작가는 어렸을 때 엄마와 이별했다. 시에서 작가는 하늘나라에 계신 엄마가 휴가를 하루, 아니 반나절, 아니 5분 만이라도 오신다면 억울한 일 한 가지 일러바치고 울겠다는 거다. 그 누구에게가 아니라 오로지 엄마에게다. 그 누구보다도 난 공감할 수 있었다. 그건 뼈에 '사무친' 이야기였다. 엄마는 내가 기댈 유일한 언덕이었다. 난 일찍이 그 언덕을 잃었다. 자식은 참 이기적이다. 부모의 사랑이 오롯이 자기에게 향하기만을 기대한다. 나도 그렇다.

내가 일부러 기억을 덮은 건 아니었을까? 엄마 생각만으로도 아려 그랬을지도 모른다. 그런데 갑자기 웃음보 터졌던 장면이 생각난다. 칼국수를 좋아하던 엄마는 비가 내리면 날씨를 핑계 삼아 손칼국수를 만드셨다. 밀가루를 반죽하여 치대기를 많이 한 후에 잠시 놓아두었다가 바닥에 신문지를 깔고 넓은 도마에서 반죽을 둥그렇게 밀어 또르르 말은 다음 칼질로 국수를 만드셨다. 엄마는 먹을 때마다 똑같은 말씀을 하셨는데, 엄마가 그 말씀을 하시며 웃기 시작하면 나도 덩달아 웃다가 끝내는 딸꾹질까지 했다. 며칠 굶은 거지가 칼국수를 얻어먹게 되었는데, 다 먹자마자 더 주면 또 먹고, 더 주면 또 먹기를 반복하던 거지가 일어나다 쓰러지며 '밀 것이라 먹어도 힘이 없다'라고 했다는 내용이다. 주는 대로 다 받아먹고 '밀 것이라 먹어도 힘이 없다'는 말을 따라하며 웃음보가 터졌다. 아, 내가 칼국수를 좋아하는 근원이 여기였을까?

아이들에게 수업 전에 『갈대의 길』을 읽어주는데 페이지를 넘기는 게 쉽지 않았다. 누군가는 갈대가 물가의 흔한 식물로만 보일지도 모르지만, 난 엄마가 갈대 위로 겹쳐졌다. 나에게는 『갈대의 길』이 그대로 '엄마의 길'이었다.

그림 작가 김선남은 나무를 글감으로 다양한 그림책을 펴낸다. 나무를 좋아해 나무 그림책을 모으다 보니 어느새 김선남 작가의 작품이 여러 권 모였다. 작가의 그림책은 늘 마음을 따뜻하게 울린다.

『갈대의 길』은 한해살이풀들이 생을 마감하는 가을에 시작한다. 봄에 돋아난 새싹의 이야기가 아니라, 한해의 생이 끝난 갈대 줄기의 이야기이기 때문이다. 갈대는 뿌리줄기로 생을 이어가는 여러

해살이식물이다. 이 책을 읽고 집 근처의 공원을 돌아다니며 갈대를 관찰했다. 갈대는 무리 지어 자라는데, 잎이 무성하여 바람에 쉽게 흔들리는 특성 때문에 '갈대의 마음'이란 말이 생기기도 했다. 바람에 잘 흔들리는 갈대는 갈색으로 변한 후에도 한순간에 꺾여 쓰러지지 않았다. 겨울에는 눈의 무게를 감당하며 버텼다. 결코 겨울을 두려워하지 않았다. 갈대는 어느 식물과도 다른 갈대의 길을 갔다.

겨울 여행으로 을숙도나 순천만을 가 수많은 갈대를 보면서도 겨울에 꼿꼿한 이유를 한 번도 생각한 적이 없었다. 갈대 숲 한가운데로 난 길을 걸으며 바람이 불 때마다 보게 되는 갈대의 일렁임은 그저 사진의 배경일 뿐이었다. 그런데 이 책으로 난 갈대를 확실하게 다른 눈으로 바라보게 되었다.

글 작가와 그림 작가는 중랑천의 무성한 갈대들을 우리 앞에 초대했다. 가을이 되어도 쓰러지지 않던 갈대는 이듬해 장맛비가 내리고 태풍이 지나고 나서야 몸을 뉘어 흙으로 돌아간다고 했다. 왜 그랬을까? 속이 비고 마디가 있는 얇은 줄기가 생명 활동을 멈춘 뒤에 그 몇 달을 왜 서 있기로 작정한 것일까? 글 작가는 묵은 갈대가 감당해야 할 시간을 낱낱이 설명하며 그때마다 갈대가 어떻게 했는지 시의 언어로 풀어준다. 소리 내어 낭창낭창 읽어가면 언어는 노래가 되어 중랑천으로 우리를 이끌고 풍경화 한 폭 내놓는다.

화사한 꽃에도 묵묵부답이던 묵은 갈대들, 생명의 탄생으로 산

란의 축제가 한창일 때도 묵묵히 하늘을 올려다보던 묵은 갈대들, 튤립나무에 꽃이 피어도 슬픔도 기쁨도 모르던 묵은 갈대들. 장맛비와 태풍이 찾아와 무자비하게 비를 퍼부을 때 묵은 갈대들은 새봄의 갈대들과 어깨를 나란히 하여 뒤엉켜 쓰러졌다. 새봄의 갈대들은 몸을 일으켜 세우지만, 묵은 갈대들은 더 이상 허리를 들어 올리지 않는다. 그제야 발목부터 썩기 시작한다. 갈대의 웅장한 대서사를 마주한 느낌이다.

다음 세대가 스스로 살아갈 힘이 필요할 때까지 옆에서 기댈 수 있도록 지켜주는 역할을 묵은 갈대들은 묵묵히 수행했다. 이미 생명이 꺼진 뒤에도 할 수만 있다면 다음 세대가 비빌 언덕이 되겠다고 염원한 무리다. 어찌 일개 풀이라 무시할 수 있을까.

아이들은 끈질긴 갈대의 이야기에서 머물렀겠지만, 난 뭉클한 감동이 아주 오래 이어졌다. 자식이 살아가면서 마주칠 일들을 부모인 내가 일일이 막아줄 수 없고, 막아줘서도 안 된다. 헤쳐 나가는 것은 아이 몫의 삶이다. 하지만 힘든 어느 날, 슬며시 와 바람을 쐬듯 쉬었다 가면 조금 가벼워지는 느티나무 같은 부모가 되고 싶다. 덜덜 떨고 있는 아이가 기대면 따뜻하게 기운을 회복하는 언덕이 되고 싶다.

동생은 나와 다섯 살 차이다. 내가 비빌 언덕이 없다고 느끼는데 동생은 그 생각을 얼마나 많이 했을까. 나보다 훨씬 어린 나이부터 켜켜이 쌓여 오늘에 이르렀을 것이다. 동생은 외롭다고 했다. 그 말이 그렇게 아프게 다가올 수가 없었다. 엄마의 자리는 누가 대신할 수 없는 자리임을 아는 나는 '나도 그래'라고 말할 수밖에 없었다. 그리고 우리는 자식이 비빌 수 있는 언덕으로 살자고 했다. 부모의 빈 자리가 얼마나 공허한 자리인지 경험한 나는 자식에게 그 외로움과 공허만큼은 물려주고 싶지 않다. 내 맘대로 되는 일은 아니지만 그러고 싶다. 그러고 싶어 그러는 부모가 세상에 있을까마는.

『갈대의 길』을 선택하기 전에 많이 고민했다. 서사와 그림이 훌륭한 그림책인데 마태복음의 인용이 나로서는 이해가 되지 않았다. 성경의 인용 없이도 갈대의 특성을 잘 풀어냈는데 구태여 성경의 말씀에 기댄 이유가 뭘까 생각했으나 잘 모르겠다. 성경은 해석이 가장 다양한 책이다. 세상의 많은 목회자가 같은 성경으로 다양한 설교를 지금까지 수 세기 동안 이어올 수 있었던 건 그 해석의 다양함 때문이다.

제일 뒤에 갈대를 찬양하는 노래는 모두의 가슴에 기억되었으면 좋겠다. 갈대가 '갈대의 삶'을 살아가는 것처럼, 나는 '나의 삶'을 강건하게 살아가기를 빈다.

> 한갓 들풀로 태어나 들풀의 삶을 살다 가지만
> 겨울이 오기 전에 서둘러 죽는 것을 거부한 채
> 이듬해 여름까지 끈질기게 버티다가 마침내 쓰러져,

갈대는 '갈대의 삶'을 마감한다.

2024년 5개월간 '그림책 명상'을 공부했다. 김기섭의 『나를 돌보는 그림책 명상』을 읽고 저자가 운영하는 프로그램이 있어 참여한 것이다. 아침 명상을 하던 중이라 그림책과 명상을 어떻게 연결하는지 궁금해 참여하게 되었는데 5개월간 한 차시도 빠짐없이 참석하며 알찬 시간을 보냈다. 마지막 한 달은 참여자들의 공개수업이 진행되었다. 한 사람이 그림책으로 명상을 이끄는 수업을 진행하면 나머지 사람들은 수업 참여자가 된다. 그중 '초대 명상'을 이끈 이가 있었다. 초대 명상은 찻상을 이미지로 떠올리고 초대하고 싶은 한 분을 초대하여 향기롭고 맛난 차를 대접하는 것이다. 그 명상에서 난 생각지도 못했던 엄마를 초대했다. 머릿속의 이미지로 이어 나갔는데 천천히 정성 들여 우려낸 차를 찻잔에 부어드리며 엄

『갈대의 길』

(송언 글, 김선남 그림, 봄봄출판사)

힘든 어느 날, 슬며시 와 바람을 쐬듯 쉬었다 가면 조금 가벼워지는 느티나무 같은 부모가 되고 싶다. 덜덜 떨고 있는 아이가 기대면 따뜻하게 기운을 회복하는 언덕이 되고 싶다.

마가 차 마시는 모습을 바라보았고, 마칠 때는 공손하게 인사하며 보내드렸다. 시범 수업이라 명상 시간이 짧았는데 그렇게 아쉬울 수가 없었다.

말없이 고요히 엄마를 떠올리는 것으로도 엄마를 만날 수 있고, 엄마와 머물 수 있다는 것을 새롭게 알게 되었다. 엄마는 사라진 존재가 아니었다. 언제든 내 마음으로 불러 기댈 수 있는 존재였다.

가을

파란 하늘을 올려다보며 미소를 지을 수 있다면 가을이다. 코끝으로 차가운 바람이 느껴지면 가을이다. 왠지 음악에 빠지고 싶다면 가을이다. 여행 떠나는 사람들이 부러우면 가을이다. 가을은 내가 있는 현실보다는 몽환적인 꿈을 꾸게 한다. 아니, 어쩌면 이건 내 개인적인 가을 취향일 수도 있다.

누군가는 결실을 거둬들이느라 눈코 뜰 새 없이 종종거릴지도 모른다. 누군가는 연말 전에 실적을 마무리하느라 바쁠지도 모른다. 또 누군가는 공부하느라 정신없을지도 모른다. 그런 와중에 딴 곳으로 빠지고 싶은 유혹이 많을 때가 가을이다. 출근하다가 올려다본 하늘이 청명한 코발트색인 것만으로도 방향을 돌리고 싶다. 가을은 그렇다.

지난가을, 파일을 아예 덮었다. 허리 통증이 예사롭지 않았다. 경사가 있는 길은 머리가 판단하기 전에 허리가 먼저 알았다. 오른쪽 엉덩이에 찌릿찌릿한 통증이 느껴진다. 손으로 눌러봐야 소용없다. 좀 더 심해지면서 오른쪽 정강이로 내려와 차가운 물을 다리에

붓는 것처럼 써늘하게 찌릿해 집중할 수 없다. 병원에서는 5번 신경이 눌려 일어나는 현상이라고 했다. 무엇보다 힘든 건 깊은 잠을 잘 수 없다는 거다. 천장을 보고 바르게 눕는 것이 불가능해지니 오른쪽으로, 왼쪽으로 몸을 돌리다 밤이 다 지나가는 것 같다.

그동안 먹은 약이 얼마인지 모르겠다. 대여섯 개 들어 있는 약을 아침저녁으로 몇 계절을 먹었다. 병원을 바꿔가며 스테로이드 주사도 몇 차례 맞았다. 중간에 도수치료를 받기도 했다. 5월에 시작된 통증이 12월이 되면서 차츰 가라앉았다. 아픈 몸으로 계속 직장에 남아 있는 게 민폐 같아 9월에 명퇴를 신청하지 않은 걸 후회했다. 또 2주에 한 번씩 병원 가야 하는 일상을 자연스럽게 받아들이기 힘들었다. 언제까지나 청춘이 아니고, 내 몸이 하는 말을 들어야 하며, 내 나이가 적지 않음을 받아들여야 했다. 그 일은 슬픈 일이었다.

명퇴 신청을 쓱 흘려 본 이유는 퇴직 준비가 되어 있지 않아서였다. 내 퇴직 준비는 바로 이 책을 쓰는 것이었는데 여름에 중단되어 파일을 열 수 없는 상황이 되어 난 퇴직할 수 없었다.

그런 가을을 보내며 난 내 인생의 깊은 가을을 만난 기분이 들었다. 언제나 가능한 건 없다는 걸 받아들이고, 몸에 나를 맞춰가며 살아야 하는 것을 인정해야 했다. 이제 내가 걸어 들어갈 관문은 당연하게도 '겨울'이다. 겨울은 '내려놓음'의 계절이다. 다가오는 걸 부정하며 앙탈 부리는 내가 아니라 양팔 크게 벌리고 맑은 미소로 순응하는 나였으면 좋겠다. 난 아직도 붙잡고 매달리고 싶은 잎사귀 몇 개를 움켜쥐고 있는 것 같다.

가을이 깊어지고 통증의 날들이 계속될 때 나도 모르게 기도했다. '이왕 이렇게 된 거, 1년을 더 허락해주세요. 글도 쓰고, 기쁜 마음으로 아이들을 사랑하게 해주세요.' 아픔이 크면 중간에 사표를 선택할 수도 있으나 난 그렇게 마무리하고 싶지는 않다.

가을에 욕심을 내려놓고 허리 치료에 집중했다. 완치는 가능한 일이 아니다. 젊은 청춘으로 되돌아가는 건 불가능하다. 다만 통증이 덜해져 웃으며 움직일 수 있으면 족하다.

오후 3시다. 동네 한 바퀴 돌 시간이다.

그렇게 힘들었던, 용서

어른을 위한 위로의 그림책 이야기를 써야겠다고 생각한 건 2020년이다. 코로나19로 온라인 세상이 일상이 되고, '사회적 거리 두기' '재택근무'가 내 일이 될 줄은 몰랐다. 갑자기 시작된 온라인 수업은 몇 차례 혼란을 겪으며 자리 잡아갔다. 처음에 제일 고민스러웠던 건 매일 수업 시작 전에 하는 '그림책 읽기'였다. 온라인으로 어떻게 읽어줄지 고민되었다. 코로나 상황이라고 핑계 대고 안 읽어줘도 뭐라 할 사람은 없으나 늘 하던 일이라 마음에 걸렸다. 결국 그림책을 스캔하여 PPT를 만들고 내 목소리로 읽어서 동영상을 만들었다. 그리고 과제 창을 만들어 시청한 소감을 올리도록 했다.

아이에 따라, 그림책에 따라 올라오는 소감문은 아주 달랐다. 매일 난 남다른 글을 만나는 행복을 누렸다. 몇몇 아이는 그림책을 진심으로 읽고 소감을 깊이 써 나갔다. 가끔 이런 소감문을 아이들에게 읽어주며 주인공의 마음을 헤아리고, 자신은 어떤지 살피는 표본으로 삼았다. 그러자 아이들은 더 열심히 소감을 올렸다. 글을 손으로 써서 제출하는 것이 아니라 자판을 두드려 올리니 색다른 느낌이라는 아이도 있었다. 수업이 끝나는 대로 올라온 과제를 확인하고 피드백하는 일이 번거로웠지만, 아침에 올린 그림책 소감을 볼 때마다 뿌듯함이 느껴졌다. 그림책 한 권을 동영상으로 만드는 일은 손이 많이 가는 일이었으나 그걸 보고 새로운 걸 느끼고 생각을 표현해 주는 아이들이 고마웠다. 특히 생각이 깊이 스며 있는 글을 만나면 난 저절로 벙글어졌다.

2학기가 되어 구글 '줌 회의'를 활용하여 실시간 수업을 진행하면서 그림책 동영상 만들기는 끝났다. 아이들에게 화상으로 그림책을 보여주며 읽었다. 그 대신 그림책을 읽고 난 뒤의 소감은 구글 클래스룸에 올리도록 했다. 교과목의 과제는 검사하고 댓글 달아주기를 생략할 때도 있었으나 그림책 읽고 난 뒤의 소감은 모든 아이의 글에 댓글을 달았다.

댓글을 통하여 몇 차례 대화가 이어지기도 하고 아이의 마음 상태를 알아가기도 했다. 교실에서의 수업은 댓글 달기처럼 모든 아이가 자기 생각을 말할 수는 없다. 몇몇 아이가 말하거나 아이의 생각을 들어보지 않고 나의 마무리로 끝날 때가 많았다. 온라인 수업은 나름의 장점을 가지고 있었다.

이듬해 새 학급을 온라인상에 만들려 하니 그동안 아이들이 쓴 소감문을 삭제하는 게 아까웠다. 다른 과제와 활동들은 새 학급에서 새롭게 제작될 것이지만 아이들의 소감은 학급을 삭제하면 다시 볼 수 없게 되어 소감문만 한글 파일로 저장했다. 아침에 읽어준 그림책으로 하루 종일 불편했다는 글이 있기도 하고, 인권 관련 그림책을 읽어줄 때는 스스로 관련 자료와 영상을 찾아보고 소감을 올리기도 했다. 특히 남다른 몇 아이의 이야기는 그림책 해석의 표본으로 삼아도 될 정도였다. 친구와 선생님들에게 "우리 반의 '남다른' 아이의 글이야!"라고 자랑하면 "어른 그림책 모임에 입회시켜야겠어요"라는 답장이 오기도 했다. 2020년은 5학년을 담임하고 있었다.

『아툭』을 읽어준 날 한 아이의 소감을 보다 깜짝 놀랐다. 첫 문장이 '이 그림책은 성장의 이야기다.'였다. 내 입에서는 "이야!" 감탄사가 저절로 튀어나왔다. '내가 가르치는 아이의 수준이 이렇단 말이지. 내가 얼마나 행복한 사람인지 난 알고 있니?'라며 소름이 오소소 올라왔다. 그때 언젠가는 『아툭』으로 글을 쓰며 이 이야기를 해야겠다고 마음먹었다.

에스키모 마을에 사는 소년 아툭의 이야기다. 아툭은 다섯 살 생일 선물로 작은 개 한 마리와 썰매를 받았다. 아툭은 개를 '타룩'이라 부르며 언제나 함께했다. 타룩에게 썰매를 끌어보라 했지만 썰매 끄는 법을 모르는 타룩은 이리저리 뛰기만 했다. 그래도 아툭은 타룩과 함께해서 즐겁고 행복했다. 형제자매가 없고 친구가 없던 아툭에게 타룩은 그 모든 역할을 다했다.

바다사자 사냥철이 되자 아툭은 타룩이 빨리 썰매 끄는 개가 되길 바라며 썰매개로 데려가달라고 아버지께 졸랐다. 아버지는 당신의 썰매개에 타룩을 끼워 사냥을 떠났고, 돌아왔을 때 타룩은 없었다. 몸집이 작은 타룩은 늑대의 표적이 되어 죽었다고 했다. 새로운 개를 주겠다는 아버지의 위로가 귀에 들어오지 않았다. 자신의 분신이라 여겼던 타룩은 다른 무엇으로도 대체할 수 없을 만큼 소중한 것이었다.

그날부터 아툭은 복수심으로 가득 찼다. 늑대를 죽이겠다는 집념은 활 쏘는 법, 썰매개를 모는 법, 카약을 조종하는 법을 배운다. 그러면서 수시로 언덕 위 자작나무와 키를 대본다. 타룩이 그리울수록 혹독하게 훈련했다. 들새에게 들키지 않고 다가가는 법, 울음소리로 새를 구별하는 법, 바람의 신호를 알아채는 법까지 배우고 직접 사냥에 나섰다. 아툭은 최고의 젊은 사냥꾼이 되었다. 자작나무보다 두 배로 키가 컸을 때, 드디어 늑대를 죽였다. 많은 시간 증오와 복수심으로 가득 차 살아왔고 늑대를 죽여 원수를 갚았으나, 아툭은 하나도 기쁘지 않았다.

아툭은 타룩과 함께하며 '친구'를 경험했다. 말이 통하지 않는 동물이었음에도 붙어 지내며 행복감을 누렸다. 상실의 충격은 컸다. 하지만 우리는 이 일의 원인이 아툭 본인에게 있음을 안다. 빨리 썰매개로 만들고자 어린 타룩을 바다사자 사냥에 등 떠밀어 보낸 아툭의 조바심이 문제였다. 아툭의 마음엔 타룩에 대한 사랑과 자기의 잘못이 크다는 미안함이 함께 있었다. 이 마음이 클수록 늑대를 향한 복수심을 불태웠다.

책임을 떠안지 않으려는 어린 마음이 아툭에게만 있었을까? 내 잘못이고 내 불찰임을 알면서도 엉뚱한 곳에 화를 낸 적이 없는가? 아리다. 어디 한두 번이겠는가. 어렸을 때는 거짓말로 덮으려 했던 순간이 많았다. 성인이 되고는 기분 나쁜 감정을 이어오다 엉뚱한 이에게 화풀이하듯 퉁명스럽게 내지른 일이 너무도 많아 일일이 셀 수 없다.

소심한 내가 내 잘못에 대해 가장 심하게 드러내는 증상은 '자책'이다. 이미 일어난 일이고 되돌릴 수 없으나 오랜 시간 반추하며 나를 괴롭힌다. 그런 일이 자주 일어나면 자존감이 낮아져 우울해진다. 자책으로 만들어진 우울감은 의욕을 날려버리고 웅크리게 한다. 이런 일들이 반복되면서 나를 보호하기 위해 터득한 방법은 우선 생각을 멈추는 것이다. '이 일은 그만 생각할 거야!'라고 나에게 단호하게 말하며 반추하는 걸 멈춘다. 그리고 상대에게 내 잘못을 말한다. 그 말을 꺼내는 것이 처음에는 힘들었지만 사과하고 나면 마음이 가벼워지고 머리를 지우개로 지운 듯했다. 나의 평화를 위해 용서하고, 용서를 비는 거였다.

아툭은 사랑과 후회와 자책을 덮어버리고 '복수'를 선택했다. 준비가 안 된 아툭은 복수를 위해 자신을 단련해야 했다. 신체적으로 성장하는 걸 기다려야 하고 무엇보다 늑대와 마주해 이기려면 최고의 사냥꾼이 되어야 했다. 백발백중의 활쏘기는 물론, 동물들 모르게 움직이는 법을 익혀야 했고, 어느 장소에서든 민첩하게 이동하는 데 필요한 기술들도 이를 악물고 습득했다. 하루이틀이 아니라 몇 년의 시간을 투자하여 아툭은 비로소 사냥꾼으로 이름을 날리게 된다. 그렇게 시간이 흘렀어도 타룩에 대한 그리움과 늑대를 향한 복수심은 줄어들지 않았다.

복수에 성공한 아툭은 행복함이나 기쁨이 아닌 '허망함'을 얻었다. 복수심에 불타 자신을 연마하는 동안 치열함만 있었다. 늑대를 죽여 복수한다는 일념으로 살아 주변을 둘러볼 여유가 없었고, 친구도 없었다. 살아가는 목적이 복수였는데 그 일을 마치고 나니 온 우주가 텅 빈 느낌이 들었다. 이제, 살아야 할 이유가 사라진 것이다.

아툭은 늑대 사냥 전에 시험적으로 여우 사냥을 떠난다. 사냥꾼을 잘 따돌려 잽싸고 영리하며 교활하다는 칭찬을 받는 여우를 만났는데, 여우는 사냥꾼 아툭을 두려워하지 않았다. 그동안 살아남는 일에만 열중하느라 외로웠던 여우는 별을 사랑하게 되었으며, 밤마다 별을 올려다보는 게 행복하다고 했다. 아툭은 함께 놀 수도 없는 별을 친구라고 말하는 여우를 이해할 수 없었지만 사냥하지 않고 되돌아왔다. 그런데 늑대를 죽이고 나니 여우의 평화로웠던 모습이 떠올랐다. 아툭에게는 친구가 없다.

동물들은 모두 아툭의 그림자만 보고도 달아나 친구가 될 수 없었다. 그러다 아툭은 툰드라에서 꽃 한 송이를 만났는데 꽃은 친구가 없어 행복하지 않다고 했다. 눈이 덮인 캄캄한 땅속에서 지내는 동안 기다려줄 친구가 있었으면 좋겠다고 했다. 아툭은 한참 동안 서 있다가 무릎을 꿇고 속삭였다.

"내가 너를 기다려줄게. 긴긴 겨울 동안 너를 기다릴게. 네가 다시 돋아나면 내가 너를 보살펴 줄게. 거친 바람을 막아주고, 동물들이 너를 짓밟지 못하도록 잘 돌볼게. 그래그래 작은 꽃아, 내가 너를 기다릴게."

소리 내어 이 부분을 읽을 때면 눈물이 차오른다. 상실이 이제야 회복되고 있다. 어린아이로 한 이별을 어른이 되어서 마무리한다. 꽃과 친구가 되기로 마음먹으며 그동안 사그라들었던 사랑의 불씨를 '후' 불어 살리고 있다. 마음 한구석에 '그리움'을 간직하고 증오심을 키웠던 아툭이다. 상실의 아픔을 '복수심'으로 덮어버린 아툭이다. 절대 하지 않으리라 다짐했던 '용서'가 스르륵 풀려나오고 있다.

용서. 용서가 어려운 일이란 걸 너무나도 잘 안다. 마음이 힘겨운 날들이 이어져 위로를 주는 책을 읽다가 거의 마지막 장에 이르러 '용서'를 만났다. 마음의 무거운 짐을 덜어내려면 '용서'하라고 했다. 그 부분을 읽는데 눈물이 차오르며 '그럼 내가 너무 억울하잖아! 내가 너무 불쌍하잖아!'라는 소리 없는 함성이 터져 나왔다. 순간 가슴에서 무언가 '툭' 끊어지는 느낌이 들었다. 그리고 심장은 막 뛰기 시작했다. 부정맥이 온 것이다. 숨을 고르게 쉬며 잦아들기를 기다렸으나 소용없었다. 이럴 땐 응급실로 가는 수밖에 없다. 보건 선생님께 이야기하고 교과 선생님의 차를 얻어 타고 근처 병원으로 갔다.

용서를 쉽게 말하는 사람을 만나면 신의가 떨어진다. 용서는 내 살을 도려내는 듯한 아픔을 감당해야 가능한 일이다. 우리는 어쩌면 이 아픔을 마주할 자신이 없어 용서하지 못하는지도 모른다. 하지만 내가 살기 위해서, 내가 행복하기 위해서, 내가 마음의 평화를 얻기 위해서 용서해야만 한다. 한 번에 모든 감정을 싹 지울 수는 없다. 내 감정이 허락하지 않는 용서는 실현될 수 없다. 격한 감정을 불러오던 그를 떠올려도 내 안의 감정이 격하게 반응하지 않으면 서서히 용서라는 말을 떠올려도 된다. 용서가 실현되려면 나의 감정에서 한 발 떨어져 판단 없이 바라보기를 해야 한다. 자책하지 말고 나 자신을 연민의 시선으로 바라보며 안아주고, 보듬어주고, 쓰다듬어주고, 등 두드려주며 위로해야 한다. 나의 그 억울한 감정에 충분한 위로가 될 때까지 반복해야 한다. 눈물이 나면 흘리고, 억울하면 소리 지르며 감정의 말들을 들어주고, 자기 자신에게 "참 고생했구나!" "정말 잘 살았구나!" "어떻게 여기까지 왔니?" 다독여야 한다. 다른 사람이 인정해주면 좋겠다는 그 마음의 욕구를 내려놓고 우선 내가 자신에게 말해야 한다. 이렇게 나를 회복하는 자기 연민의 과정이 없는 용서는 빈말이다.

아툭은 외롭고, 춥고, 고단한 긴 터널을 건넜다. 이는 자기 삶에 최선을 다했다는 의미다. 건성건성 대충 살았다면 '텅 빈' 듯한 회한은 마주하지 못했을 것이다. 그동안의 삶을 잘못 살았다며 자탄할 필요는 없다. 물론 복수와 증오는 본인의 '선택'이었지만, 그 선택 후에 최선을 다한 삶에 대해 스스로 따뜻한 위로를 보내야 한다. 치열함으로 점철된 삶을 꾸려오느라 얼마나 헐떡거리며 왔는지, 얼마나 앞만 보고 달렸는지 그 누구보다 본인이 가장 잘 안다. 나를 지극한 사랑의 눈으로 바라보자. '고생했지!' 나를 토닥이며 안아주자.

이런 자기 연민의 시간을 거쳐야 남을 들일 수 있는 공간이 생긴다. 내가 꽉 찬 상태에서는 다른 사람을 마음 안으로 들이는 일이 어렵다. 나를 충분히 위로하고 보듬어주며 "이만하면 잘 산 거야!" 외칠 수 있을 때 다른 사람을 품을 수 있고 '용서'를 꺼낼 수 있다.

용서는 수용하는 마음에서 출발한다. 아툭이 타룩의 죽음을 그대로 받아들였다면 어둠의 터널은 그렇게 길지 않았을 것이다. 기쁨과 행복을 누리며 긍정적인 삶을 사는 사람은 타인을 있는 그대로 받아들인다. 타인을 내 마음에 흡족하도록 바꿀 수는 없다. 변화가 가능하고 내가 할 수 있는 건, 나의 마음을 바꾸고 수용하는 일이다. 나도 이 과정이 힘들어 아툭의 심정을 이해할 수 있었는지도 모르겠다.

남다른 친구는 '성장'을 어른이 되는 과정으로 이해했다. 복수밖에 길이 없다고 생각하는 어린아이의 마음에서 식물을 친구로 수용하는 마음은 그만큼 성장해야 가능한 일이라고 본 것이다. 이 책을 읽어준 날, 남다른 친구는 하루 종일 이 책을 잊을 수 없었다고 했다. '복수를 선택할 수밖에 없었을까?'란 질문이 머리에서 떠나지 않았다고 한다. 옳고 그름은 없다. 그 상황에서 아툭은 복수가 최상의 선택이었으며, 타룩을 사랑하는 마음이 지극하기 때문이라고 스스로에게 말했을 것이다.

해석은 독자의 마음에 따라 다르겠지만 난 애도의 과정을 거쳐 상실을 받아들였을 것이다. 부정맥을 일으킬 정도로 내 마음은 억울함으로 가득 차 있었으나 그 상황을 받아들이지 않는다면 생각할 때마다, 볼 때마다 부정맥을 일으켰을 것이다. 실제로 몇 차례 그랬다. 생각만으로도 몸이 경직되고 심장이 반응했다. 내 몸을, 내 영혼을, 내 삶을 생각한다면 상황을 받아들이도록 나를 설득하는 수밖에 없다.

그림을 조금 이야기하고 지나야겠다. 현 근무지에서 이 책을 읽어주려고 표지를 들어 보여주는데 한 아이가 "저 사람 사냥꾼인가 봐!" 했다. 깜짝 놀라 어떻게 알았느냐고 하니 "새와 토끼가 달아나는 모습이 보여요!" 한다. 자세히 보니 정말 아툭으로부터 등을 돌리고 달아나는 모습이 보였다. 그림 작가들은 서사를 녹여내는 재주가 있다.

아툭이 꽃을 향해 무릎을 꿇은 장면에서 뒤의 배경에는 새가 한가로이 놀고 순록 한 마리가 아툭을 향해 다가가는 모습이 보인다. 아툭에게 활과 화살이 있으나, 나는 아툭의 미래가 보였다.

삶은 쉬운 대상이 아니다. 남들은 잘 살고 있는 듯이 보이지만 그들 또한 출렁출렁 흔들리고, 고꾸라지면서 다시 일어나는 일을 반복하고 있다. 성장은 고난마저 받아들이며 탄력적으로 반응할 때 일어난다. 힘겨워 웅크리고 있다면 부디 자신을 믿고 자기를 사랑하는 일부터 시작하길 권한다. 나는 열심히 살아왔고 빛나는 존재다. 지금은 비록 바닥이지만 올라갈 일만 남았다. 내 안에 에너지는 충분하다. 이 힘은 내가 쓸수록 더 생겨날 것이다.

『아툭』

(미샤 다미안 글, 요첸 빌콘 그림, 최권행 옮김, 한마당)

용서는 수용하는 마음에서 출발한다. 아툭이 타룩의 죽음을 그대로 받아들였다면 어둠의 터널은 그렇게 길지 않았을 것이다. 타인을 내 마음에 흡족하도록 바꿀 수는 없다. 내가 할 수 있는 건, 나의 마음을 바꾸고 수용하는 일이다. 나도 이 과정이 힘들어 아툭의 심정을 이해할 수 있었는지도 모르겠다.

여기까지가 내 몫이었구나!

생각이 현실이 되는 것은 자기계발서의 문장처럼 그렇게 턱 다가오는 건 아니다. 누군가에게는 가능한 일인지 모르지만 적어도 나에게는 늘 쉽지 않았다. 꿈을 크게 갖고 매일 긴장하며 빈틈없이 노력했다지만 돌이켜보면 여기저기 구멍이 숭숭 뚫리고 허술하기 짝이 없었다.

세 번째 책 『생태 감수성을 기르는 그림책 수업』의 출판 과정이 너무 힘들었다. 2020년 코로나19가 덮치고 살아가는 모습을 전면 수정해야 하는 상황이 닥치자 변화된 학교생활에 적응하면서 머릿속에는 커다란 숙제가 생겼다. 기후 위기와 생태 전환을 공부해야 한다는 마음이 커졌다. 자연과학의 기초 지식이 없으면서도 어떻게든 이 공부를 해야 자라나는 우리 아이들에게 덜 미안한 어른이 될 것 같았다. 또 선생님들께 그림책으로도 생태 전환 교육을 할 수 있다는 가능성을 알려주고 싶었다.

생각이 있다고 모든 일이 잘 풀리는 건 절대 아니다. 코로나19가 결국 환경을 돌보지 않은 탓이라 여기는 나와 비슷한 생각을 가진 전문가들이 한꺼번에 책을 쏟아내기 시작했다. '지구 온난화'는 어느 분야에서 바라보느냐에 따라 실로 다양하게 말할 수 있었다. 기상학자들은 빅데이터를 가지고 기후 위기를 이야기하고, 경제학자들 또한 자신들이 가지고 있는 방대한 자료를 바탕으로 기후 변화가 몰고 오는 식량 위기가 어떻게 경제에 영향을 미칠지 예측했다. 내가 공부할 분량이 간단치 않았다. 게다가 세계의 그림책 작가들이 기후 위기를 말하는 그림책을 쏟아내기 시작하여 내가 범주화해야 할 책이 무한히 늘어났다. 머리 하얗게 변하며 공부하다 끝이 없는 것 같아 '내 일이 아닌가 보다'며 멈췄다.

학교를 옮기고 적응하는 시기가 지나고 나니 그동안 공부한 것이 아깝다는 생각이 들어 여름방학에 다시 집중했다. 그렇게 쓰려해도 안 되더니 이번에는 글이 나왔다. 난 글에 인용문을 많이 사용하지 않는다. 공부한 내용이 머리에서 자연스럽게 흘러나와야 한다. 2022년 추석을 보내고 원고를 출판사에 송부했다. 내 조건은 최대한 편집 작업을 신속하게 하는 거였다. 기후 위기는 이미 우리에게 닥친 시급한 일이기 때문이다.

출판사로 간 원고는 가끔 한두 꼭지씩 수정본이 날아왔다. 왜 이렇게 작업 속도가 느리냐고 하니 편집자가 아프다고 했다. 아픈 사람에게 독촉할 수 없어 '그럴 수도 있지' 하며 지냈다. 책은 2023년

4월에 나왔다. 책이 나왔다는 소식에 인터넷서점에서 검색하니 같은 출판사에서 그림책을 활용한 생태 전환 책이 며칠 간격으로 동시 출판되어 있었다. 2020년부터 시간을 쪼개가며 노력한 게 왠지 허망하게 느껴지며 온몸의 기운이 빠졌다.

감정의 소용돌이를 잠잠하게 하는 것은 결국 내 몫이었다. 시간이 오래 걸렸다. 또 한 번 '그럴 수도 있지' 하고 내려놓아야 했다. 내 본업은 작가가 아니라 교사이며, 아이들이랑 행복한 게 나의 일이었다.

시간이 지나면서 괜찮은 책이라는 독자들의 평이 인터넷에 올라왔다. 그 글들을 보며 그동안의 노력이 헛되지 않았다는 생각이 들었다. 편안한 생활을 불편하게 바꿔야 한다고 말하는 환경 이야기를 누구나 손쉽게 선택하지는 않는다. 그럼에도 책을 출판해준 것, 책 덕분에 전국 각지의 선생님들을 만날 수 있었음에 감사할 뿐이다.

새로운 공부가 지루하지 않았고, 공부한 것을 바탕으로 책을 세상에 내놓는 것, 거기까지가 나의 일이었다. 그 책이 어디로 가고, 누구의 손에 올려지는지는 알 수 없다. 또 어느 책과 나란히 놓이는지도 내 권한 밖의 일이다.

"어떻게 저럴 수 있을까요?" 그림책 모임 선생님들의 부러움을 샀던 『노란 양동이』다. '노란'을 강조한 제목처럼 노란 여우가 등장하고 책 전체의 색은 노랗게 밝은 책이다. 읽고 나면 여우의 맑은 기운을 닮고 싶어진다.

월요일, 아기여우는 외나무다리 근처에서 반짝반짝 빛나는 노란 양동이를 본다. 양동이 속에 들어 있는 물에 얼굴을 비춰보며 즐거워하던 아기여우는 아기토끼와 아기곰에게 노란 양동이의 존재를 알린다. 친구들은 양동이를 여우에게 들어보라며 원래 여우의 것인 양 잘 어울린다고 했다. 주인이 있을지 모르니 일주일간 그대로 놓아두었다가 다음 월요일에도 그대로 있으면 여우의 것으로 하자고 합의한다.

책의 내용은 월요일부터 그다음 월요일까지 아기여우의 행동을 보여준다. 나는 읽으며 아기여우의 간절함이 느껴져 아기여우의 소망이 이뤄지길 응원했다. 그러다 월요일 아침에 아기여우가 보여준 행동에 "정말?" 하면서 깜짝 놀랐다.

아기여우는 아침부터 어둑어둑해질 때까지 몇 번씩이나 노란 양동이가 있는 걸 확인한다. 노란 양동이를 마냥 바라보기만 하고, 들고 외나무다리를 건너보기도 하고, 그 곁에서 낮잠을 자기도 한다. 또 노란 양동이를 가지고 할 일을 상상한다. 물고기 잡아 양동이에 넣는 시늉을, 사과를 담아 친구들에게 나눠주러 가는 상상을 하는 것만으로도 행복했다. 양동이를 자신의 것이라고 노래 부르고, 밑바닥에 '이여돌'이라고 자신의 이름을 쓰는 시늉을 하며 즐거웠다. 일요일 저녁에는 바람에 날려갈세라 양동이에 물을 가득 채워놓은 아기여우다.

책장을 넘기며 난 당연히 노란 양동이는 아기여우의 몫이라고 생각했다. 저 정도로 좋아하고 갖고 싶어 한다면 그에게 돌아가는 게 맞다고 생각했다. 그런데 작가는 아니라고 한다. 친구들은 "안됐다"라고 말하는데 아기여우는 "괜찮아"라며 웃는다.

말이 안 된다. 다음 월요일까지가 아니라 일요일까지로 했다면? 처음 나온 대로 글피까지만 했다면 그 노란 양동이는 이미 아기여우의 것이다. '날짜를 조금 당겼더라면 내 것인데' 하는 생각이 왜 안 드는가. 놓친 것에 대한 아쉬움이 나와야 한다는 내 고집에 저 멀리 작가는 고개를 살래살래 저으며 이것은 '소유'의 이야기가 아니라고 말하는 것 같다. 그럼?

'너, 나처럼 오롯이 사랑해봤니?' 표지의 아기여우가 정면으로 나를 응시하며 묻는다. '사랑'이라고? 내 것이 아니지만 내 것인 양 아끼고 사랑해보았느냐고 묻는다. 무엇을? 모든 것을. 복잡해졌다. 다시 아기여우의 월요일부터 일요일까지의 행동을 살펴봤다. 노란 양동이로 인해 생각하지도 못한 일주일을 보낸 아기여우는 그 일주일이 아주 흡족했다. 노란 양동이가 아니었다면 누릴 수 없는 행복이었다. 그래서 눈앞에서 노란 양동이가 사라졌을 때 섭섭한 것이 아니라 추억이 생겼음을 알고 훌훌 욕심을 내려놓을 수 있었다. 사라짐을 있는 그대로 받아들일 수 있었다.

욕심 많은, 움켜쥐고 내 것이라 탕탕 도장 찍듯 공언해야 안심인 난 어리둥절했다. 그렇게 세상 귀한 걸 얻었다고 기뻐했으면서 그 후에 어찌 됐느냐고 묻는다면, 부끄럽다. 그건 이미 내 것이어서 절실하게 소중하지 않았고, 난 또 다른 흥밋거리에 눈이 팔리고 귀가 팔려 엉뚱한 데로 가 있었다. 나는 그랬다. 소유에 욕심을 낸 우리는 흔히 그랬다. 정말 갖고 싶은 것은 언젠가는 꼭 갖게 될 거라며 마음에 씨앗을 틔웠다. 요즘에야 흥미로운 식물을 만나거나 읽고 싶은 절판된 책을 알게 되면 노래를 부르는 나로 변하지만, 예전에는 2년에 한 번씩 이사 다니는 게 힘들어 서울에 내 집이 있으면 좋겠다는 게 주야장천 부르는 노래였다.

일주일간 자신의 소유인 양 가지고 논 노란 양동이. 그 시간은 한 점 아쉬운 감정이 남지 않도록 함께한 시간이었다. 그러면 될 것을, 그러면 될 것을. 눈앞에 있는 대상을 오롯이 사랑하고 아껴주고 그와 더불어 행복했더라면 미련이 남지 않았을 걸. 아쉽고, 안타깝고, 찜찜한 무언가 남아 있다면 그 시간에 충실하지 않았다는 걸 의미한다.

난 아이 양육 과정이 제일 아쉽고 안타깝고 후회스러운 일이다. 직장 다닌다고 아이를 시골 할머니께 맡기고 주말마다 아이를 보러 다녔다. 이러기를 만 3년이나 했다. 어머님께서 돌봐주신 걸 지금도 진심으로 감사한다. 서울에서 천안으로, 당진으로 움직이지 않은 날이 없었던 때라 어머니는 정신없는 나의 허술함까지 감싸주셨다. 지금도 아들에게 할머니의 고마움을 잊지 말아야 한다고 잔소리한다. 하지만 어쩌랴. 그때는 그게 최선인 줄 알았다. 요즘 엄마들이 휴직하고, 돌봄 기간에 일찍 퇴근하여 아이를 챙기는 모습을 보면 부럽다.

아들은 무탈하게 자라 자기 일에 책임감 있게 행동하는 성인이 되었다. '뭐가 필요한데'라는 말을 흘려듣지 않고 슬며시 챙겨주는 속 깊은 아들이다. 하지만 말수가 적어 표현을 잘 하지 않고 친절한 편이 아니다. 가족이 단출한 부모 입장에서는 두런두런 이야기하는 잔정 많은 아들이 되길 바라지만 그저 무뚝뚝하다. 우리 부부도 나붓나붓한 성격이 아니면서, 어려서 떨어져 지내 그런 건 아닌가 하는 생각이 들면 지난 일이 후회스럽기도 했다.

작가의 위로가 보이는가. 시간의 양이 아니라 집중된 사랑이라는 말이 들리지 않는가. 일주일간 가까이 한 노란 양동이로 내 것이 아니어도 아름답게 기억할 수 있는 아기여우를 통해 인생의 한 수를 배워야 한다. 나에게 주어진 시간은 그리 많지 않다. 예전엔 그걸 몰랐다. 시간이 무한정 있어 내가 다른 일을 하다 아들을 보고 웃어주면 되는 줄 알았다. 그러는 사이 아들은 성장했고 나는 아들의 주변인으로 물러나 있었다.

아들은 나에게 주어진 '노란 양동이'였다. 아기여우의 시간으로 일주일만 허락된 노란 양동이. 그랬다. 난 그 시간에 아이를 바라보고, 웃어주고, 사랑하고, 어르고, 놀아주며 오롯이 보내야 했다. 미안해, 아들.

현재를 자각하는 것, 지금 여기에 집중하는 것, 바로 아기여우의 삶이다. 욕망하는 것이 나타났다고 덥석 잡으려 중심을 잃는 게 아니라 거리를 유지할 줄도 알고, 내 것으로 하지 않으면서 사랑할 줄 알고, 애정하던 것이 사라졌을 때 받아들여 수용할 줄 아는 아기여우다.

후회스럽지만 돌아갈 수도 없고 돌아갈 필요도 없다. 여기까지가 내 몫이구나 여기며 과한 욕심을 내려놓고 '지금'에 집중하면 된다. 삶은 늘 이어져 있어 지금을 바르게, 충실하게 살면 꼬인 실타래는 스르륵 풀어질 거라 믿는다.

퇴직한 남편은 주부가 되었다. 난 우스갯소리로 "아들의 노예가 되었네"라며 남편을 놀린다. 콘텐츠 개발자의 특성상 작업 시간이 일정한 아들이 아니다. 잠자는 시간과 식사 시간이 일정하지 않으며 밤과 낮의 구별도 없다. 게다가 입이 짧다. 몇 번 먹으면 질려 다른 걸 찾는다.

아들이 거실에 어슬렁거리면 남편은 얼른 나가 뭐 먹고 싶은지, 언제 먹을 건지 묻는다. 남편의 관심은 오로지 아들의 먹는 거에 쏠려 있다. 난 며느리에게 욕먹을 버릇을 만든다고 잔소리하는데, 남편은 예전에 아들에게 못한 마음의 빚을 갚으려 노력하는 것 같아 애잔하다.

아침에 인생에서 되돌리고 싶은 장면이 어디인지 남편에게 물었다. “태어난 게 잘못이지!”라고 하길래 그건 본인의 선택이 아니니 해당 사항 없다고 말하고는 외출했다. 저녁에 남편은 궁금했는지 나에게 어느 순간이 후회되느냐고 물었다. ‘아들하고 헤어져 산 3년’이라고 하니 가만히 있다가 “우리가 내내 키웠다면 뭐가 달라졌을까? 아들이 크게 달라졌을까?” 묻는다. “그렇게 생각하는 건 어머님께 무례야. 어머님이 얼마나 고생하셨는데. 달라지는 건 내 마음의 부담과 미안함이 덜해지는 거겠지.” 말했다.

모두 최선을 다했다. 거기까지다. 우리가 할 수 있는 역할은 거기까지다. 이제 더 이상 죄책감을 가져가지 않기로 했다. 아들, 잘 자라줘서 고맙다. 너의 인생을 살아라.

『노란 양동이』

(모리야마 미야코 글, 쓰치다 요시하루 그림, 양선하 옮김, 현암사)

후회스럽지만 돌아갈 수도 없고 돌아갈 필요도 없다. 여기까지가 내 몫이구나 여기며 과한 욕심을 내려놓고 ‘지금’에 집중하면 된다. 삶은 늘 이어져 있어 지금을 바르게, 충실하게 살면 꼬인 실타래는 스르륵 풀어질 거라 믿는다.

날아라, 훨훨

내 불안을 드러내는 꿈은 두 가지다. 한 가지는 교실을 못 찾는 꿈이다. 학교 일이 신경 쓰일 때면 이 꿈이 등장한다. 교실로 가야 하는데 계단이 끊겨 있고, 시간은 촉박한데 갈 수 없어 허둥거리다 깬다. 이 꿈을 꾸면 기분이 별로다. 학교에 가면 익숙한 공간이라 꿈속의 경험은 안개처럼 지워진다. 후배의 말을 듣고 이런 꿈의 의미를 알았다. 후배에 의하면 신학기 스트레스라고 했다. 후배는 복도를 헤매는 꿈이라고 했다.

다른 한 가지는 엄마가 안 계신 꿈이다. 어려서 엄마가 안 계신 게 제일 두려운 일이었다. 그런데 다 늙어가는 요즘에도 엄마 꿈을 꾸면 안 계실까 두려워하거나, 안 계셔서 어쩌나 하는 꿈이다. 오늘 아침에도 그랬다. 안방에 엄마가 계셔서 안심하고 옆 방에서 자고 일어나 보니 빈방이다. 동생이 배고프다고 해 빵을 사 오라고 하고(빵 사러 간 사람이 남편 같다) 어린 동생과 연탄아궁이 앞에 쪼

그려 앉아 연탄이 잘 타고 있나 열어 봐야 하는데 꺼졌을까 봐 차마 열지 못하고 있다가 깼다. '언제까지 이런 꿈을 꿀 건데' 생각하며 돌아보는데 안방이 우리 방 모습이다. 침대 위에 낮은 책상이 놓여 있고 그 위에 책과 공책이 펼쳐진 것으로 보아 작업 중에 자리를 비운 듯하다. 이건 내 모습이다. 동생은 아들 같다. 세월이 흐르니 엄마 꿈도 나는 어려졌는데 우리 가족 모습이다. 그러니 꿈속에서 엄마가 안 계신 건 어쩌면 당연한지도.

해몽이 어떻고, 꿈 해석이 어떻고 하는 말을 난 모른다. 반복적인 이런 꿈들은 스트레스에 의한 무의식의 반영이라 생각하며 현실로 돌아온다.

내게 엄마는 집의 상징이다. 집을 떠올리면 '엄마가 있는 곳'으로 자동 연결된다. 엄마가 일찍 세상을 떠났음에도, 내가 머리 허연 사람이 되었음에도 마찬가지다. 엄마처럼 내 인생은 엄마가 되어 집이 되는 과정이었다. 따뜻하고 구수한 향기 나는 집이 되고 싶었는데 그런 집으로 잘 되었나 모르겠다.

집은 물리적 공간이면서 동시에 정서적 공간이다. 집은 사방이 벽으로 둘러싸여 외부와 차단된 독립적인 공간으로, 사생활이 가능한 곳이다. 그 안에서 우리는 안심하고 휴식을 취할 수 있으며, 가족과 끈끈하게 이어져 서로 사랑하고 응원하며 산다. 이건 사람들이 꿈꾸는 이상적인 집의 모습이다.

난 이상적인 가정의 안정적인 성장 과정을 거쳤다고 생각하지는 않지만 아주 열악한 환경에서 자라지는 않았다. 늘 나를 염려하고 응원하는 가족이 있었으며, 난 그 믿음과 신뢰에 한 사람으로서의 몫을 다하는 사람이 되고자 했다.

이런 삶이 나에게 준 사명은 늘 뭔가 '열심히' 하고 있다는 것이다. 누군가 하라고 시킨 것이 아니지만 끊어지지 않게 책을 읽었고, 책에서 배운 어떤 것을 삶에 적용하고, 우리 학급에 적용하며 살아왔다. 그래서 '여유로움'이라는 게 따로 없다. 적당한 때 산책하는 것이 여유로움이고, 책 한 권 잡고 푹 빠져 읽는 것이 여유로움이다. '휴식'이 뭔지 잘 모른다. 여행도 미리 공부하고 가야 안심이 되다 보니 읽어야 할 게 많다. 이런 성격으로는 여행도 쉽지 않다.

방학 중에 지인들을 만났는데 내 얼굴을 본 후배는 "진짜 휴식이 필요한 사람은 선생님이로군요" 한다. 이런 말을 들을 때면 나에게 휴식이 무엇인지 생각하게 된다. 그날 내 대답은 "갤러리나 다니고 책에 빠져 사는 게 휴식이지"라고 말하면서도 이게 정말 맞는 대답인가 생각했다.

이런 나의 생활 태도는 강제로 주입된 게 아닐까. 너무 이른 부모님의 부재가 날 이렇게 만들었는지도 모른다. 부모님께 하소연하고, 기대고, 정을 차곡차곡 쌓는 시간이 나에겐 너무 적었다. 객지에서 학교 다니다 훌쩍 성인이 되었고, 그 와중에 부모님은 돌아가셨다.

나에게 제2의 집을 말하라면 그곳은 '교실'이다. 나와 아이들이 생활하는 우리들의 공간이다. 교직에 있는 시간 모두 교실에서 생활했다. 학교는 여러 차례 바뀌었지만, 기억의 공간은 모두 사각형의 교실이다. 한 명의 어른과 여러 명의 아이로 구성된 교실 생활은 비슷하지만 매일 매일 다르다. 수동적이고 재미없는 곳이라고 생각할 수도 있지만 나에게는 매일 흥미로운 일이 벌어지는, 역동적인 공간이다. 이건 나만의 생각일 수 있다. 우리 반 아이에게는 지루한 곳이고 귀찮은 곳일 수도 있다.

『새를 사랑한 새장 이야기』는 내게 많은 생각거리를 줬다. 새장은 새를 사랑하여 새장 안에 두고 싶어 한다. 하지만 새들은 다양한 이유를 들어 거절한다. 그렇다면 새를 사랑하는 새장은 필요 없는 존재인가?

새와 새장을 판매하는 곳의 빈 새장이 주인공이다. 빈 채로 있는 건 행복하지 않아 새장은 새를 찾아 나섰다. 새장은 새들에게 철책으로 둘러싸여 있지만 안전하고 깨끗하고 먹을 것이 풍성하고 맑은 물이 언제나 있다는 것을 열심히 설명하며 함께 살자고 청한다. 집 지을 것을 나르는 제비에게 집이 되어줄 테니 들어오라고 하지만 세상 구경이 더 좋다고, 참새는 남들처럼 사는 건 싫다고, 나이팅게일은 갇혀서는 노래가 잘 나오지 않는다고, 공작은 꽁지깃을 자랑할 수 없다고, 올빼미는 늙어 살던 나무 근처에서 살고 싶다고 한다.

올빼미는 기운 없는 새장에게 "새장으로 태어난 게 네 잘못은 아니야!"라고 말한다. 새장은 문을 빼 영영 찾을 수 없도록 던져 버린다. 그리고 숲으로 들어가 깨끗한 물과 곡식을 채워놓는다. 처음에는 거들떠보지도 않던 새들이 먹을 것과 시원한 물을 찾아 새장에 다가간다. 새장은 자신을 한껏 열어 그들을 맞이한다. 그제야 새장은 행복하다.

누군가의 행복이 다른 누군가에게는 억압이 될 수도 있다. 누군가에게는 기쁨이고 보람인 일이 다른 누군가에게는 답답하고 버거운 일이 될 수도 있다. 누군가에게는 흥미로운 일이 다른 누군가에게는 하품 나오는 일일 수도 있다. 새는 누구고, 새장은 누구일까? 새는 자유롭게 놀고 싶고, 게임하고 싶은 어린아이다. 이를 보면 잔소리가 툭 튀어나오고, 못 하도록 막고 싶은 부모와 교사가 새장이다.

새장의 행복은 자신의 욕심을 덜어내고 내려놓았을 때 더 크게 다가왔다. 원래의 모습으로는 불가능한 일이었다. 여기저기 새를 찾아다닌 모험의 시간을 봐야 한다. 도심에서 출발한 여정은 깊은 숲에 도착해서야 끝이 난다. 또 몸의 일부인 문짝을 떼어내고야 환영받는 새장이 된다. 우린 새장의 행복이 이뤄지는 과정을 얼마나 이해하고 받아들일 수 있을까.

새장은 둥지고 울타리다. 먹거리가 풍부하고 안락한 시설이 갖춰져 불편함이 없다고 좋은 집은 아니다. 텔레비전, 컴퓨터, 스마트폰, 안락의자 등 온갖 편리한 도구들이 있어도 최고의 집이 아니다. 따뜻하게 지켜봐주고 기다려주는 그 누군가가 있을 때, 그의 울타리 안에 있을 때 안심된다. 새들은 처음에는 '자유'를 이유로 안락한 곳을 모두 거절했다. 그러나 새들은 새장 주위를 결코, 떠나지 않았다. 여일하게 곡식을 준비하고 물을 갈아놓고 기다리는 걸 지켜보며 조금씩 다가와 새장과 친구가 됐다.

내가 읽어내는 새장은 '교실'인 동시에 교실 안의 유일한 어른인 '나'다. 훌륭한 교육과정과 학습 준비물을 갖추었다 해도 강제로는 할 수 없는 거다. 새들인 아이들이 들고 나며 사랑을 느끼고, 안전하다고 느끼며, 기대어 살 수 있다는 마음이 생겨야 행복한 공간이 된다. 새가 행복하게 드나들어야 새장이 행복해지는 것은 당연하다.

이 책은 그림을 주의 깊게 보면 좋겠다. 너무나 아름답다. 색연필로 과하지 않게, 주변의 나무와 꽃을 서로 다르게 공들여 그렸는데 상상력을 발동시키는 그림이다. 아이들이 서로 다른 개성을 지닌 것처럼, 모습이 같지 않은 나무와 풀과 새를 하나하나 정다운 눈길로 살펴보면 좋겠다. 시선을 바꿔 새장을 내려다보는 장면, 숲 한가운데서 새들이 다가오지 않는다고 실의에 빠진 장면을 보면 서사에는 없지만 정말 많은 새가 새장을 눈여겨보고 있다. 행복은 내 안에 있는 많은 조건을 만족시킬 때 찾아오는 게 아니라, 나를 내려놓고 상대에게 맞췄을 때 찾아온다는 걸 작가는 새장을 통해 우리에게 말하고 있다.

내 행복은 무엇인가? 난 웃는 일이 많은 것이 행복인 것 같다. 화는 오랜 시간 품을 수 있지만 웃음은 찰나의 순간이다. 웃음은 어마어마한 일에 나오는 게 아니고 소소한 발견의 순간에 나온다. 지나가는 사회성 좋은 개를 봐도, 무거운 우유를 들고 가겠다고 고집 피우는 아이를 봐도, 친구들끼리 대화하며 몰려가는 건장한 고등학생을 봐도 그 건강함과 싱싱함에 미소가 번진다.

석면 때문에 짐을 싸다 지친 선생님 얼굴을 보고 "차라리 석면이랑 친한 게 좋을 것 같아."라는 말에 웃음을 팡 터뜨리며 서로의 어려움을 알아주고, 아이들 숨기 장난에 술래로 여기저기 돌아다니며 찾아내는 것도 즐겁다. 아이들이 힘들다고 호소하는 글을 읽으며 울다가도 그렇게 말해주는 게 고마워 행복하다. 나는 그동안 교실에서 참 많이 행복했다. 2024년 가을, 이야기 한 도막을 소개해야겠다.

쉬는 시간에 문짝이 떨어졌다고 아이들이 달려왔다. 문을 들어 끼우고 "난 힘이 세거든!" 했더니 주변 아이들이 막 박수한다. "이 일에 관계있다고 생각하는 사람은 앞으로 나와!" 하니 아이들이 나를 빙 둘러선다. 이야기를 들어보니 문을 잠그려는 아이를 온 힘으로 밀다가 그렇게 되었단다. 다른 아이들 다 물리치고 두 아이에게 '꿀밤을 먹어야겠구먼' 하면서 장난스레 꿀밤 하나씩 먹였다. 한 시간 후 꿀밤 먹은 한 아이가 복도에서 눈물이 가득한 얼굴로 있다고 했다. 순간 '내 꿀밤에 힘이 들어갔었나?' 생각되었지만 그 정도는 아니라고 판단하고 교실에 들어오기를 기다렸다. 눈물 그렁그렁한 얼굴로 내 자리로 온 아이의 통통한 배를 안아주며 "선생님이 꿀밤 줘서 그러니?" 했더니 아니란다. 왜 그렇게 속상해하느냐고 물었다.

"친구가 놀렸어요."

"뭐라고 놀렸는데 그렇게 슬펐어?"

"나보고 원숭이래요!"

아이 눈에서는 이미 눈물이 철철 흘러내리고 있었다. 놀린 아이는 뒤에 서 있었다. 둘은 아주 친한 사이다. 은근히 장난치고 싶은 마음이 들어 아이에게 물었다.

"그 친구, 선생님이 죽여줄까?"

"네."

"진짜로?"

"아니요. 죽이지는 말아 주세요."

"그럼 혼내주기만 할까?"

"네."

"그럼, 눈물 '뚝' 해야겠네. 눈물 뚝!"

달래 자리로 들여보내고 난 다음, 놀린 친구의 손을 잡고 말했다.

"너, 오늘 운이 엄청 좋았구나. 친구가 살려주라고 해서 산 거야. 그런 친구를 놀리면 안 돼!" 눈을 마주치며 한마디하고 들여

보냈다.

생각할수록 웃음이 절로 나오고 하루 종일 마음이 훈훈했다. 난 정말로 아이들로 행복한 사람이다.

2024학년도 졸업식이 2025년 1월 3일에 있었다. 난 학급에 아이들이 있어 졸업식장에 가 축하하지 못했다. 하지만 졸업하는 아이들은 며칠 전부터 우리 교실을 드나들었다. 졸업을 앞두고 편지쓰기를 했는지 편지를 전해줬다. 무심히 읽어가던 편지 하나에 시선이 멈췄다.

> 선생님은 숲이에요. 그리고 5학년 4반 친구들은 숲에서 자라고 있는 작은 나무예요. 저희에게 맑은 샘물 같은 책을 주시고 그 덕분

『새를 사랑한 새장 이야기』

(로돌라 파파 글, 셀리아 쇼프레 그림, 김혜진 옮김, 한솔수북)

행복은 내 안에 있는 많은 조건을 만족시킬 때 찾아오는 게 아니라, 나를 내려놓고 상대에게 맞췄을 때 찾아온다는 걸 작가는 새장을 통해 우리에게 말하고 있다.

에 저도 무럭무럭 자라고 있어요. 저는 그 숲에 있는 나무여서 좋아요. (정○우 글)

내 마음이 환하게 부풀어 오르는 것이 느껴졌다. 이렇게 생각한다니 내가 고맙다.

나는 흙이고, 집이고, 교실이고, 새장이고 숲이다. 아들이고, 제자고, 후배고, 새들이고 모두 훨훨 날아 꿈을 펼치면 좋겠다. 난 처음부터 새장이었던 건 아니다. 나도 한때 새였다. 새의 마음이 어떻다는 걸 가끔 잊어 문제지만, 그래도 그 마음을 이해할 수 있는 새장으로 남기를 바란다. 난 훨훨 나는 새들을 환한 미소로 응원해야지.

고마워, 이제 떠날 시간이야!

2024년은 나와 인연이 있던 동년배 선생님들이 모두 명예퇴직해 나만 현직에 남았다. 왜 난 명퇴하지 않았나. 명퇴 관련 공문이 내려와도 그다지 고민하지 않았고, 늘 해당 사항 '없음'으로 지났다. 가을에 마지막 기회가 지나고 난 후에 신청하지 않은 걸 후회했다. 앞에서 언급했던 바대로 허리 통증이 심해 이런 상태로 출근하는 건 아이들에게 도움이 되지 않을 거란 생각 때문이었다. 하지만 기회는 놓쳤고, 상태가 심하면 중간에 사직한다고 마음먹었다. 그리고 나를 한번 믿어보기로 했다.

2학기 내내 2주에 한 번씩 조퇴하여 병원을 바꿔가며 치료에 매달렸다. 원래의 계획대로 정년퇴직하려면 건강한 몸으로 만들어야 했다. 허리 통증은 자세 불량에서 오는 경우가 많다. 고정된 자세로 오래 있는 것이 나에게는 취약한 허리를 만드는 원인이었다. 또 한 가지, 매일 그림책 읽어주는 자세다. 왼손에 책을 들어 올려

아이들이 보게 하고 난 오른쪽에서 곁눈질로 그림책을 읽어줬다. 이 자세로 15년 넘게 아이들이 등교하는 날마다 읽어줬다. 그림책을 읽어주려 자세를 취하기만 하면 찌릿한 통증이 올라왔다.

12월이 되면서 통증이 조금씩 옅어지는 게 느껴졌다. 평지 걸음이지만 발걸음이 빨라지는 게 느껴지면서 좋아질 수 있다는 희망이 생겼다. 몸이 나아지니 새 학기가 기대되고 만날 아이들이 궁금해졌다. 마지막 수업까지 잘 지탱해주리라 믿는다.

누가 강요하지도 않는데 난 왜 학교에 남았을까. 승진하여 명예가 있는 자리도 아닌 '평교사'에 왜 미련을 버리지 못하는 걸까. 교육은 '변화'를 이끄는 활동이고, 교사는 길라잡이라 생각하며 살아왔다. 매년 진심으로 변화하는 아이가 한 명만 있어도 성공이라고 생각했다. 그 일에 쓰린 날도 있었지만, 많은 날 난 아주 행복했다.

시작이 있으면 끝이 있는 법. 아이들과 함께한 실의 끝이 보인다. 아주 가까워지고 있다. 내가 쥐고 있는 실은 부드럽고 폭신한 실타래가 되었다. 다양한 색의 실이다. 검은 부분도 있고, 노란 부분도 있고, 연한 녹색도 있다. 짙은 파랑과 옅은 파랑도 있다. 물론 활활 타오르는 빨강도 있다. 내 손 위의 실을 보다 저 끝을 바라보니 서늘한 바람이 부는 것 같다. 이젠…….

아이들이 써준 편지에 늘 체육 시간이 좋았다고 말하는 애가 있다. 지난해에도 '이어달리기가 너무 재미있어요'라며 응원해준 아이가 있었다. 달리기를 좋아해 체육 시간이면 미리 나가 10분 달리기를 했다.

선생님들과 모여 이야기를 나누다 “내가 하는 체육을 아이들은 좋아해요.”라고 하니 “비결이 뭐예요?” 묻는다. 그래서 난 “나이 앞에 6자가 붙으니 그렇게 되던걸요.” 하니 웃음바다가 되었다. 하지만 사실이다. 그동안 시간표에 체육이 든 날은 부담스러웠다. 그래서 아이들이 좋아하는 몇 가지 활동을 정례화했다. 실제 새로이 하는 활동은 중간 15~20분 정도다. 정례화한 활동은 맨손체조, 줄넘기 3종목, 출발점이 반대인 이어달리기, 피구다. 이 활동들을 체육 시간마다 하면서 중심 활동만 바꿔나갔다. 2학기가 끝나갈 때가 되면 엇갈려 뛰기, 쌩쌩이를 못 하던 아이가 줄넘기하는 걸 봐달라고 자랑스럽게 내 앞에 선다. 출발선이 서로 반대인 이어달리기를 할 때 처음에는 금방 상대 팀을 터치해 게임이 끝나는데 2학기에는 팽팽하게 이어져 내가 일부러 무승부로 끝맺어야 할 때가 많다. 피구는 마지막 정리 운동이다. 3분이어도 5분이어도 신나는 활동이다.

땀이 송골송골 맺힌 아이들의 모습은 아주 보기 좋다. 싱싱하고 탄력적인 물고기를 보는 기분이 든다. 허리 통증이 심한 날 바닥에 주저앉아 심판을 봐도 눈 마주쳐주고 미소 날려주는 아이들, 슬며시 와서 한 번 안아주고 가는 아이들이 있어 행복한 날들이었다. 고맙고, 감사한.

『오리건의 여행』을 아이들과는 읽은 적이 없는 것 같다. 선생님들 모임에서 읽었을 때 “아, 이런 책이었군요”라며 감탄과 환대를 받았던 책이다.

이 책은 미국의 지도를 펴놓고 위치를 확인하며 읽어야 공간감을 느낄 수 있다. 책에 나오는 지명은 피츠버그(펜실베이니아주), 시카고(일리노이주), 아이오와주, 네브래스카주, 유타주, 오리건주다. 미국 북동부의 피츠버그에서 출발해 북태평양과 접하고 있는 북서부의 오리건주에 도착하는 이야기로, 완전히 대륙을 동서로 횡단한다.

그 먼 길을 가는 데 이용하는 교통수단도 다양하다. 버스, 트럭, 기차는 물론, 지나가는 다양한 차량을 얻어 타기도 하고 걷기도 한다. 그 여정은 쉽지 않은 길이었으나 주인공 듀크는 약속이 있었고 ‘오리건’이 곁에 있어 행복한 길이었다고 한다.

난쟁이 피에로인 듀크는 서커스단 단원이다. 듀크는 갈색곰 오리건의 재주를 뒤에서 황홀하게 바라본다. 그 순간만큼은 어린 시절로 되돌아가는 기분이다. 어느 날 오리건은 듀크에게 숲에 데려다 달라고 부탁한다. 듀크는 오리건이 그들의 가족과 살아야 한다는 걸 깨닫고 마지막 공연을 마치고 둘은 미련 없이 떠난다.

오리건을 오리건에 데려다주는 긴 과정이 이 책의 내용이다. 큰 판형의 책으로 라스칼의 문장도 아름답지만, 루이 조스의 그림도 과하지 않고 편안하다. 제목은 오리건을 내세웠지만 그림책은 듀크의 이야기다. 오리건은 마법같이 커다란 숲속에 데려다 달라는 말만 하고 그림의 배경이 된다. 서사를 이끌어가는 건 듀크다.

듀크는 남다른 외모로 일찍이 '볼거리'의 삶을 살아야 했다. 간간이 내뱉는 말에 의하면 곰 인형 하나 만져보지 못한 채 어린 시절을 보냈고, 피에로의 상징인 빨간 코가 떨어지지 않을 정도로 긴 광대의 삶을 살았다. 순탄하지 않은 삶이었음은 말하지 않아도 느껴진다. 그런 듀크는 오리건이 말한 '커다란 숲'이 본연의 자기로 돌아가려는 간절한 마음임을 알아챈다. 그 길을 함께 떠나기로 결심하며 듀크는 혼잣말로 '백설 공주를 만나게 될지……'라고 하며 광대의 삶이 아닌 난쟁이 듀크의 삶도 찾고 싶다는, 마음 깊이 숨겨진 자신의 소망을 위로 끌어올린다.

듀크는 왜 오리건을 데려다주는 일에 나섰을까? 오리건이 숲에서 살아야 행복하다는 건 알지만 그 먼 길을 함께 가겠다고 나서는 이가 있겠는가? 먹는 양이 엄청나 데리고 가기에 비용이 많이 드는 일인데 왜 듀크는 동의했을까? 그건 트럭 운전기사인 스파이크와의 대화에 나온다. "세계의 가장 큰 나라에서 흑인으로 사는 건 쉬운 일 같소?"라는 말에 듀크는 '우리는 한 식구였어요'라고 말한다. 오리건도, 스파이크도, 듀크 자신도 녹록하지 않은 삶을 살아온 주인공들이었다. 듀크는 재주 부리며 사는 오리건을 피에로인 자신과 같다고 생각했던 거다. 그래서 그를 돕는 일은 어려운 일이 아니라 행복한 일이었다. 오리건이 곰의 삶으로 돌아가는 일이 자신의 삶도 되찾게 되는 일이었다.

듀크는 길가에 버려진 시보레 자동차 안에서 하룻밤 노숙한다. 자동차는 바퀴가 빠지고 문짝이 떨어져 나갔다. 이 자동차는 1935년에 나온 차로, 듀크와 나이가 같다. 그 차를 보며 듀크는 자신이 그 차보다 낫다는 것을 깨닫는다. 차는 길가에 버려져 움직이지 못하는 폐차지만 자신은 목표를 향해 전진하고 있다는 것에 자부심을 느낀다. 고로 이 여행의 끝이 다가오고, 듀크는 자기 삶에 기운을 회복하고 있음을 보여준다.

인상 깊은 장면이 몇 곳 있다. 고흐의 그림 같은 들판으로 들어간 것 같다고 말하는, 밀밭을 걸어가는 장면이다. 이 책의 표지와 같은 장면인데 나아가는 방향은 서로 다르다. 내용에서는 동쪽(피츠버그)에서 서쪽(오리건)으로 진행하고 있어 듀크와 오리건의 방향은 왼쪽을 향하고 있다. 이는 지리적 공간의 방향으로 이해하면 된다. 표지에서 두 인물의 방향은 오른쪽을 향하고 있다. 그림책의 문법으로 진행 방향은 왼쪽에서 오른쪽으로 흐른다. 표지의 방향성은 미래를 향한 모습으로 보면 될 것 같다.

또 시선이 머무는 곳은 오리건에 도착한 뒤의 장면들이다. 이 장면들에서는 웅장한 로키산맥의 모습을 멀리, 가까이 보여주는데 그림 작가의 솜씨가 대단하다. 숲에 도착하자 갈색곰 오리건은 몇 발짝 걷기도 전에 갇혀 지낸 나날을 모두 잊은 것처럼 활력이 넘친다. 야생곰 서식지의 푯말 옆에 마지막 밤을 보내는 장면도 인상적이다. 듀크는 약속을 지켰다는 뿌듯함과 이제는 자유롭게 떠날 것을 생각한다. 그림 속 오리건과 듀크는 떨어져 있다. 그동안 함께한 고생을 생각하면 마지막 밤의 감회가 서로 애틋할 것 같은데 그림 작가는 슬쩍 둘을 떼어놓았다. 왜 그렇게 배치했을까? 추운 날이고 동고동락한 관계임에도 그렇게 자리 배치를 한 이유는 헤어짐을 강조하기 위한 게 아닐까. 이 여행은 오래 걸리고 쉽지 않은 과정이었지만, 무사히 책임을 완수했으며 아쉬움이 남지 않게 마무리해 개운하게 떠날 수 있다는 듀크의 마음을 표현한 것으로 보인다. 다음 날 아침, 듀크는 혼자 숲길을 빠져나간다. 눈길 위에는 그간 코에서 떨어지지 않던 광대의 상징, 빨간 코가 떨어져 있다. 이제 피에르 듀크는 본래의 듀크가 되었다.

난 듀크처럼 살았을까? 약속과 의무의 삶으로 본다면 잘 살았다고 자신할 수 없다. 아들의 엄마로서, 남편의 아내로서, 부모님의 자녀로서, 교사로서 모두 최선을 다한다고 했으나 돌이켜보니 흡족함보다는 아쉬움이 많다.

난 듀크처럼 아쉬움 한 점 남기지 않고 툴툴 엉덩이 먼지 털 듯이 교단을 떠날 수 있을까? 듀크는 오리건을 숲에 데려다주겠다는 마음을 내고 오리건을 향해 가는 동안 행복했다. 지치고 힘든 과정이라고 불편한 감정에 집중하지 않고 곰과 함께한다는 생각으로 행복했다. 나도 그랬나? 힘들어 주저앉고 싶은 순간이 있었다. 그만

두면 어떨지 생각하는 순간도 있었다. 하지만 아이들이랑 함께하는 많은 시간이 귀하고 행복했다.

난 듀크처럼 한 점 아쉬움 없이 떠날 수 있다고 장담하지는 못하겠다. 잘한 점보다는 부족한 점을 저장하는 뇌는 분명 아쉽고 미련이 남는 무언가를 저장할지도 모르겠다. 마지막 정거장을 지난 나에게 도착 지점은 그리 멀지 않다. 도착하기 전에 욕심을 많이 내려놓으려 한다. 눈빛과 표정, 손짓, 몸짓 모두 아이들을 향해 열어놓으려 한다.

초임지에서 아이들을 참 엄하게 지도하려고 했었다. 그러다 숙제를 해오지 않는 아이의 집안 형편을 알아보고는 숙제 안 해오는 걸 이해했다. 아이 탓이 아니었다. 그러다 만든 신조어가 '똥쌀놈'이다. 마음에 들지 않는 상황에 '에라이, 똥쌀놈!' 하고 소리치면 아

『오리건의 여행』

(라스칼 글, 루이 조스 그림, 곽노경 옮김, 미래아이)

듀크처럼 아름답고, 가볍고, 자유롭게 나서고 싶다. 듀크가 떨구고 간 빨간 코가 나에게는 무엇일까 궁금하다. 무엇을 놓고, 무엇을 가지고 갈지는 나도 모르겠다. 마지막 장면에서 듀크의 표정을 알 수 없지만 행복한 미소가 번졌을 것이다. 나도 부디 그러길 빈다.

이들은 '하하' 웃음으로 받는다. 이 '똥쌀놈'의 나이가 40년 가까이 된다. 마지막 학교에서 별명을 얻었다. 아이들은 '똥쌀놈'을 가르치는 선생님이라 '똥쌀샘'이라 불러야 한다고 했다. 그 선생에 그 제자들인 거다. '똥쌀샘'이라 불러주는 아이들이 그저 고맙고 예쁘다.

듀크처럼 아름답고, 가볍고, 자유롭게 나서고 싶다. 듀크가 떨구고 간 빨간 코가 나에게는 무엇일까 궁금하다. 무엇을 놓고, 무엇을 가지고 갈지는 나도 모르겠다. 마지막 장면에서 듀크의 표정을 알 수 없지만 행복한 미소가 번졌을 것이다. 나도 부디 그러길 빈다.

『오리건의 여행』의 속표지 왼편에 아르튀르 랭보의 시가 나온다. 교직을 떠나면 난 아마도 시처럼 살고 있을 것이다. 시를 소개하며 이 글을 마친다.

감각

아르튀르 랭보

상쾌한 여름 저녁이 되면 나는 들길을 가리라.
보리 이삭에 찔리고, 가느다란 풀을 밟으며
꿈꾸듯이, 나는 발자국마다 신선함을 느끼리.
불어오는 바람에 내 맨 머리카락이 날리는구나!
말하지 않으리, 아무것도 생각하지 않으리.

그러나 내 마음 깊은 곳에서는 끝없는 사랑만이 솟아오르네.
나는 가리라, 멀리 저 멀리, 방랑자처럼
자연 속으로, 연인과 가는 것처럼 행복하게.

나는 꽃이 아니야!

나의 핸드폰은 소통보다는 사진을 찍기 위한 도구로 쓰일 때가 많다. 대상은 주로 꽃이다. 도시 조경으로 거리 화단에 계절마다 심어놓는 꽃을 자주 찍었다. 이는 내가 먼 곳으로 꽃을 찾아다니기보다는 일상의 주변에서 찍기 때문이다. 원예 농업자가 유행할 꽃을 예측하고 대량으로 생산한 걸 관청에서 구매해 가꾸는 곳이 거리 화단이다. 거리 화단에는 비슷한 꽃들이 곳곳에 많고, 계절이 바뀌면 과감하게 치워진 자리에 새 식물이 자리 잡는다. 여러해살이는 다음 해 싹을 틔워도 새로 등장한 식물로 인해 별로 환영받지 못한다.

이런 특징을 가진 거리 화단의 꽃을 찍으면 얼마 지나지 않아 식상하다. 좀 다른 관점에서 사진을 찍고 싶어 줌인하여 확대해 찍기 시작했다. 꽃잎을 확대하고, 암술과 수술을 확대하면서 꽃의 신비로운 세상을 보게 되었다. 식물마다 꽃의 구성은 같지만, 그 구조는 모두 달랐다. 꽃잎의 생김, 색깔, 개수 등이 다르고, 암술과 수술이라고 생각하며 확대하면 그 안에 새로운 꽃이 자잘하게 피어 있는 것도 많이 만난다. 꽃의 세계를 관찰하면서 얼마나 신비로운 세계인지, 얼마나 다양한 세계인지 감탄하게 되었다.

어쩌다 사람의 손길이 가지 않은 풀섶에서 풀꽃을 발견하면 그 날은 횡재한 날이다. 비슷한 생김새에 이름이 여러 가지인 풀꽃을 만나면 인터넷으로 차이점을 찾으려 애쓰다가 포기할 때가 많다. 그래서 실망하냐, 천만의 말씀이다. 그 땅에 살아 있는 게 감사하고, 그 작은 풀꽃을 발견한 내 눈에 감사하고, 또 볼 수 있기를 빈다. 이름을 몰라도 괜찮다. 이런 경험이 쌓이면 어느새 안면을 튼 풀이 된다.

그러고 보면 난 욕심이 참 많다. 식물을 전공한 사람도 아니면서 나무 이름을 알고 싶었고, 꽃 이름을 알고 싶었고, 기르며 생장을 확인해보고 싶었다. 서울에 뭘 심어볼 땅 한 뼘 없으면서 말이다. 화분을 사고, 흙을 사며 그 욕심을 이어왔으니 나도 엔간한 사람이다. 집 안은 물론 교실도 식물로 가득 채우며 살았다.

식물을 분갈이할 시기가 다가오면 이제 부담으로 다가온다. 가지치기한 것도 버리지 못하고 물꽂이로 살려내야 하는 내 성격으로 더 많은 화분으로 늘어나기 때문이다. 화분이 늘어나 공간이 좁아지며 가족의 원성이 높아지는 것은 당연한 일인지도.

생명을 인정사정없이 처분하는 걸 못 하는 내가 그 일을 해야만 하는 일이 생겼다. 학교에서 석면 공사 일정이 발표되자 제일 먼저 든 생각은 '교실 화분을 어쩌나'였다. 종업식을 앞둔 크리스마스이브에 대담한 결정을 실행했다. 교실에서 키우던 부레옥잠 수조에 건강한 줄기를 잘라 물꽂이하고 나머지는 모두 버렸다. 화분으로 10개 정도 살아남고, 50여 개 빈 화분이 되었다. 나도 식물을 버릴 수 있었다.

이 경험으로 봄에 할 화분 정리가 새로운 국면을 맞이했다. 과감하게 처리해나갈 화분을 골라야 한다. 몇 개로 나뉘어 있는 식물은 좀 큰 화분에 합치고, 빈약한 줄기로 연명하는 아이는 빼게 될 것이다. 심판자의 눈으로 식물들을 볼 때마다 그 식물이 우리 집에 오게 된 사연이 떠오른다. 첫 책이 출판되었을 때 선물로 받은 아이, 식당에서 본 꽃봉오리였던 꽃이 보고 싶어 사 온 아이, 서촌에서 한 촉 데려와 무성하게 자란 아이, 알면 혼날 텐데 식물원에서 한 촉 떼어 와 살린 아이, 친구가 보내준 아이 등등 하나하나 사연이 없는 아이는 없다. 그럼에도 난 빼낼 아이를 고른다. 이사할 때도 미리 와 살아남은 20년 넘은 식물도 있는데 이제 정리할 때가 된 것이다. 많은 식물 화분과 함께 가기 버거운 내가 되었다. 흘러가는 세월에 '한결같이'는 불가능한 일이었다.

나이가 들수록 버리고 갈 것을 주문한다. 애정하는 걸 버리고 가기는 어렵지만 이제 그때가 되었음을 인정한다. 내려놓기가 쉽지 않음을 안다. 그래도 의도를 가지고 하나씩 내려놓는 내가 되어야 한다. 식물 화분을 단출하게 정리하는 걸 시작으로 방 안에 수북하게 쌓인 책들도 곧 훨훨 떠나게 될 것이다. 혹여 내가 미련을 보이면 또 다른 나는 부여잡고 있는 많은 끈을 놓아도 된다고 살며시 나에게 말할 것이다.

"선생님, 이 책 있으세요?"

"없어요, 찾아볼게요."

"그럴 필요 없어요, 제가 보낼게요. 꽃 좋아하는 선생님 생각나는 책이에요."

가끔 이렇게 챙겨주는 후배의 이야기는 책을 쓸 때마다 나온다. 책을 받고 보니 이명애 글, 그림의 『꽃』이다. 이 작가의 그림책 『플라스틱 섬』은 오래전부터 생태 전환 교육에 활용해 왔다. 『꽃』은 글이 별로 없는 긴 이야기로, 그래픽노블 작품이다. 작품을 몇 번이나 반복해 보며 가슴이 철렁 내려앉았다. 나의 이야기라는 생각이 떠나지 않았다. 제목은 '꽃'이지만 다양하게 해석할 수 있는 동그라미로 표현한 것은 아주 탁월한 선택이었다.

띠지는 책 전체를 감쌌다. 띠지의 제목 '꽃'은 흰 바탕에 각양각색의 동그라미가 연결된 양각으로 표현했다. 띠지를 벗겨내면 색색의 동그라미 위에 '꽃'이 흰색으로 음각 표현을 했다. 두 표현 방식이 아름다워 띠지를 버릴 수 없다. 작가가 왜 이런 작업을 했을지 잠시 생각했다. 도드라지게 올라오든, 뒤로 빠든 빛나는 존재라는 걸 말하고 싶었을까?

그림책은 읽는 사람에 따라 다양하게 해석할 수 있다. 내가 생각한 것과 다르게 생각하는 건 그래서 당연하다. 그림책 모임을 할 때 내가 그 책에 대해 완전히 알고 있다고 생각하지 않는다. 이야기를 주고받다 보면 '아하' 깨닫는 순간이 있기 때문이다. 왜 이렇게 표현했는지 모를 때는 고백하며 다른 분의 생각을 묻는다. 다양한 생각을 주고받으며 더 많이 이해하게 된다. 이 책도 마찬가지였다.

그림책의 주인공은 연지곤지를 찍고 가마를 타고 가다 문을 열고 나온다. 그리고 온갖 동그라미를 수집하여 몸에 붙이고 간다(산다). 더 많은 동그라미를 찾아 여기저기 기웃거리며 다니다가 소리도 향기도 온기도 없는 동그라미를 만난다. 그리고 자신에게 붙어있는 동그라미를 놓아버리고 꽃상여에 실려 사라진다. 정말로 사라진다. 이건 작품으로 직접 확인해야 사라짐이 무엇인지 알 수 있다.

한 생애다. 스스로 가마에서 내리는 시기, 오롯이 '내 선택'으로 이뤄지는 그 시기부터 한 생애의 시작이다. 한 생애는 사계절로 이뤄졌다. 주인공이 동그라미를 모으려 돌아다니는 시기는 봄부터 가을에 이르고, 온기도 향기도 없다는 것을 깨닫는 순간부터 겨울에 접어든다.

동그라미는 삶의 가치이고, 흔적이며, 행복의 근원이고, 살아갈 힘이다. 동그라미가 늘어나 주변에 가득할수록 주인공은 행복하다. 이 동그라미를 갖가지 형태로 만들어 소유할 수 있음에 즐겁다. 때로 감당하기 어려운 덩어리를 만나기도 하지만 주인공은 의지를 불태우며 대면하여 별것 아닌 것으로 만들기도 한다. 새로운 경험을 찾아 떠나는 것을 마다하지 않던 주인공은 겨울로 발걸음을 옮긴다.

겨울은 '내려놓음'의 계절이다. 머리끝에서 발끝까지 이어지던 동그라미는 투명한 동그라미를 통과하며 몸에서 떨어진다. 그렇게 모으려고 했던 것들을 다 버리고 자유롭게, 가볍게, 미련 없이, 꽃상여에 올라탄다. 꽃가마로 시작한 이야기는 꽃상여로 마무리한다. 꽃으로 축하받으며 시작한 생애는 꽃으로 추도를 받으며 떠난다. 연지곤지 찍으며 자신이 꽃이었다가 종이꽃 속에 누웠다.

제목을 왜 '꽃'으로 표현했을까? 삶에서 빛나는 순간에 빠지지 않고 등장하는 것이 꽃이다. 축하의 시간은 물론 장례의 순간에도 마찬가지다. 우리 선조들은 꽃이 흔하지 않았던 시대에도 종이꽃을 만들어 공양하듯 바쳤다. 어쩌면 작가는 이 삶의 순간순간을 떠올리며 그 자리마다 꽃을 깔아놓고 싶었나 보다.

이 책을 내 인생의 책으로 인정하게 된 것은 '소리도 온기도 향기도 아무것도 없는 동그라미'라는 문장이 나에게 다가왔을 때다. 이쁘다고 찍었던 핸드폰 속 앨범에 가득한 꽃 사진은 나를 말하는 증거였다. 꽃은 살아 있는 생명체였지만 핸드폰에 저장된 사진은 '허상'이었다. 난 그 허상들을 진짜인 양 모으고 있었다는 사실을 깨달으며 '무의미'가 내게 저벅저벅 다가왔다. 필요하다고 구한 많은 것들을 다른 시각으로 바라보게 되었다. 내겐 핸드폰의 꽃 사진이 전부가 아니었다. 부엌 찬장마다 수북한 그릇이며, 냉동고에 쟁여진 식재료들, 벽을 두껍게 두르고 있는 책들, 수북하게 쌓여가는 옷들, 신발들, 들, 들. 몸뚱어리는 하나인데 어찌 그리 많은 것들에 둘러싸여 사는가. 물건이 나를 대신하고 있는 건 아닐까. 그림으로 표현된 그 많은 동그라미가 나에게는 너무도 많았다. 이제 어찌할 것인가?

이제 내 삶의 과업은 '내려놓음'이다. 난 겨울에 들어서고 있다. 그 겨울의 기간이 얼마나 길지는 모른다. 부디 너무 길지 않기를 간절하게 바라지만 어찌 장담할 수 있겠는가. 우리 세대는 부모 돌봄의 마지막 세대가 되지 않을까 생각되는데, 부모 돌봄에 있는 분의 이야기를 들으면 안타까운 마음이 든다. 특히 치매가 마지막 모습일 때는 어려움을 헤아리기 어렵다. 치매의 모습이 내 모습이 아니라고, 내 인생에 그런 계획은 없다고 할 수 있을까. 간절하게 바라지만, 알 수 없다.

감정이 요동치는 내가 싫어 명상을 시작했다. 아침에 누워서 몸 풀기 동작을 몇 개 하고 일어나 명상한다. 대략 20분 정도 걸리는데, 뇌가 고요해지기까지 시간이 걸린다고 해서 평균 25분이 되도록 몇 호흡 늘리고 있다. 명상은 생각이 없도록 고요해지는 게 아니라 호흡에 집중하며 생각을 따라가지 않고 흘러가도록 하는 것이다. 생각이 올라오면 더 깊이 생각하지 말고 '그렇구나' 하면서 판단 없이 관찰하고 호흡으로 돌아오면 된다. 명상 시간에 많은 생각이 오고 간 날은 고요히 있었으나 매우 시끄러운 날이다. 마음이 급할 때는 명상에 집중하기 어려운데 사실은 바로 그 순간이 명상이 필요한 때다. 그런 때는 호흡에만 집중해도 마음이 편안해진다. 코로 숨을 깊이 들이마셔 갈비뼈 끝부분에 있는 횡격막이 아래로 내려가도록 하고 잠시 숨을 멈췄다가 천천히 내쉬면 된다. 이 호흡에 집중하면 생각은 단조로워진다.

명상을 배우며 나 자신에게 가장 많이 하게 된 말은 '그럴 수도 있지!'다. '왜 그런데?' 따지고, 내 기준으로 상대를 판단하며 불끈불끈하던 감정에 반기를 드는 말이 바로 '그럴 수도 있지'다. 처음에는 이 말이 즉각적으로 떠오르지 않았다. 한참 동안 마음의 격정을 보내고 나서야 생각난다. 그 간격이 좁아지고 있다면 성공이지만 난 들쭉날쭉하다. 요즘 그 마음을 연습으로 연마한다. 신문을 보거나 어떤 소식을 접하면 그럴 수도 있다고 말해준다. 나의 일이 아니라 쉽게 이 말이 나온다. 이제 내 일에, 내 주변 사람들에도 확장해 나갈 것이다. 이 마법 같은 말 덕분에, 이해하지 못할 것 같은 상황에서도 상대의 입장이 있음을 헤아리게 된다. 욕심을 내려놓는 것도 중요하지만, 생각을 내려놓는 것 또한 중요함을 새삼 느낀다.

내게 『꽃』을 선물해주었던 후배는 종업식을 마치자마자 만나 자신의 어머니 이야기를 들려주었다.

“엄마가 아파트에서 누군가 유품 정리하는 중에 항아리를 내놓는 걸 보셨나 봐요. 그걸 보시곤 자식한테 저런 걸 치우도록 하면 안 되겠다는 생각이 드셨대요. 그동안 아끼시던 것들을 하나하나 정리하시는데…….”

후배는 몇십 년 전의 옷이 있는 부모님의 옷장 이야기, 장 보러 다니시는 이야기 등을 두런두런 들려줬다. 울컥울컥해지는 이야기인데 마음 깊은 곳에서는 내가 본받아야 할 태도라는 생각이 들었다. 화려한 꽃이라면 소리도 온기도 향기도 있어야겠지만, 난 이런 것이 필요 없음을 축복으로 받아들일 준비를 한다. 이제 나는 화려한 꽃이 아니다. 나는 지금 겨울에 들어서고 있다.

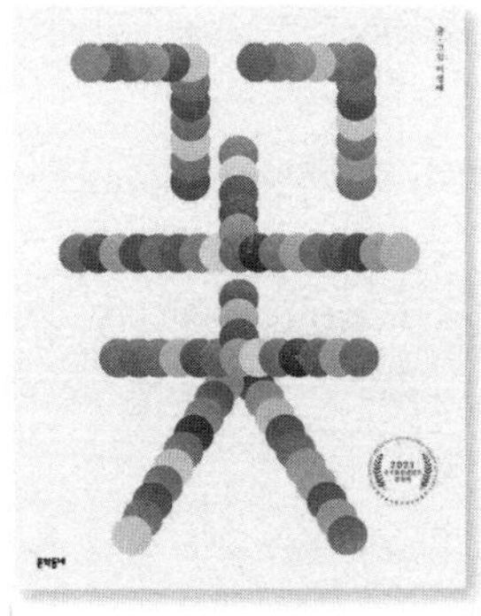

『꽃』

(이명애 지음, 문학동네)

머리끝에서 발끝까지 이어지던 동그라미는 투명한 동그라미를 통과하며 몸에서 떨어진다. 그렇게 모으려고 했던 것들을 다 버리고 자유롭게, 가볍게, 미련 없이, 꽃상여에 올라탄다. 연지곤지 찍으며 자신이 꽃이었다가 종이꽃 속에 누웠다.

함께 읽은 책들

- 기시미 이치로, 『이제 당신의 손을 놓겠습니다』, 큰숲, 2025
- 김미라, 『당신의 삶은 충분히 의미 있다』, M31, 2021
- 김주환, 『내면소통』, 인플루엔셜, 2023
- 김주환, 『그릿』, 썸앤파커스, 2013
- 김주환, 『회복탄력성』, 위즈덤하우스, 2019
- 김혜남, 『생각이 너무 많은 어른을 위한 심리학』, 메이븐, 2023
- 나이토 요시히토, 『나쁜 감정의 삶의 무기로 바꾸는 기술』, 갤리온, 2019
- 닉 트렌턴, 『생각 중독』, 갤리온, 2024
- 데이비드 호킨스, 『의식혁명』, 판미동, 2011
- 데이비드 호킨스, 『놓아버림』, 판미동, 2013
- 로랑스 드빌레르, 『모든 삶은 흐른다』, 피카, 2023
- 로버트 라이트, 『불교는 왜 진실인가』, 마음친구, 2019
- 로버트 앤서니, 『기적의 자신감 수업』, 청림출판, 2016
- 리사 펠트먼 배럿, 『감정은 어떻게 만들어지는가?』, 생각연구소, 2017
- 마크 브래킷, 『감정의 발견』, 북라이프, 2020
- 마티아스 뇔케, 『나를 소모하지 않는 현명한 태도에 관하여』, 퍼스트펭귄, 2024
- 배종빈, 『생각의 배신』, 서사원, 2024
- 브라이언 트레이시, 『행동하지 않으면 인생은 바뀌지 않는다』, 현대지성, 2024
- 비류잉, 『단식 존엄사』, 글항아리, 2024
- 사울 마르티네스 오르다, 『오늘도 뇌 마음대로 하는 중』, 풀빛, 2025
- 샤우나 샤피로, 『마음챙김』, 안드로메디안, 2021
- 아디티 네루카, 『회복탄력성의 뇌과학』, 현대지성, 2025

- 아잔 차, 『반조, 마음을 비추다 1, 2』, 싱긋, 2017
- 에크하르트 톨레, 『붙잡지 않는 삶』, 스노우폭스북스, 2025
- 에크하르트 톨레, 『지금 이 순간을 살아라』, 양문, 2008
- 웨인 다이어, 『모두 다 죽는다는 것을 기억하라』, 토네이도, 2019
- 웨인 다이어, 『인생의 모든 문제에는 답이 있다』, 불광출판사, 2022
- 웨인 다이어, 『인생의 태도』, 더퀘스트, 2024
- 웨인 다이어, 『행복한 이기주의자』, 21세기북스, 2013
- 잭 콘필드, 『마음이 아플 땐 불교심리학』, 불광출판사, 2020
- 존 카밧진, 『마음챙김 명상과 자기치유 상, 하』, 학지사, 2017
- 존 카밧진, 『존 카밧진의 왜 마음챙김 명상인가?』, 불광출판사, 2019
- 존 카밧진, 『처음 만나는 마음챙김 명상』, 불광출판사, 2012
- 질 볼트 테일러, 『나는 내가 죽었다고 생각했습니다』, 윌북, 2019
- 캐서린 피트먼, 엘리자베스 칼, 『불안할 땐 뇌과학』, 현대지성, 2023
- 타라 브랙, 『받아들임: 지금 이 순간 있는 그대로』, 불광출판사, 2012
- 토마스 힐란드 에릭센, 『인생의 의미』, 더퀘스트, 2024
- 페터 베르, 『내가 누구인지 아는 것이 왜 중요한가』, 갈매나무, 2024
- 폴커 부슈, 『걱정 해방』, 비즈니스북스, 2025

외 다수

아이들과 40년, 이태숙 선생님의

그림책으로 마음챙김

1판 1쇄 발행 2026년 1월 31일

지은이 이태숙
펴낸이 한기호
책임편집 여문주
편집 서정원, 박예슬, 송원빈, 이선진
마케팅 윤병일, 신세빈
경영지원 김윤아
디자인 토가 김선태

펴낸곳 (주)학교도서관저널
출판등록 제2009-000231호(2009년 10월 15일)
주소 04029 서울시 마포구 동교로 12안길 14(서교동) 삼성빌딩 A동 3층
전화 02-322-9677 팩스 02-6918-0818
전자우편 slj9677@gmail.com
홈페이지 www.slj.co.kr

ISBN 978-89-6915-198-8 03370